株で資産3.6億円を築いたサラリーマン投資家が教える

決算書「3分速読」からの

"10倍株"の探し方

はっしゃん
投資家VTuber
個人投資家

KADOKAWA

※2021年8月5日終値時点で、3億6146万円

証拠は、ほらこの通り。
資産状況を2011年から
逐一ブログにアップしています。

361,469,109

金融資産

証券口座

さて株式投資と言うと、
株価をいつもチェックして
「安く買って、高く売る」
などと想像する方が多いでしょう。

100円　1000円

私のやり方は違います。
だって、それだと仕事中も
株価を見てしまいます。
性格上、本業の仕事に
集中できなくなるでしょう。

はっしゃん式投資の特徴は、
「現在価値と未来価値の高い企業」を探し、
その企業になが～く投資することです。

これは専門用語で「成長株投資」と呼ばれる手法。

今もこれからも価値が高いのであれば、
株価は成長し続けるはずです。

成長し続けるのであれば、
「いつ買う」「いつ売る」なんて枝葉の話。

基本的には今買う。
あとは、成長し続ける限り
保有すればいいのです。
買ったり、売ったりは
最低限でOK。

最長で3年間
売買してないときもあったから
パスワードを忘れたって
しょうがないのです。

さて、「業績もよく、
成長性もバツグンの会社」を
探すには、
どうしたらいいでしょうか？

私の答えは
「決算書を分析する」こと。

決算書と言うと
「用語が難しい」
「数字のチェックが面倒くさい」
「どこを見たらいいのか分からない」
と思われる方も多いと思います。

でも、決算書を最初から最後まで
読む必要はありません。

このほんの少しの作業を行うだけで、
10倍株の候補に出合えるチャンスはグッと増えます。

決算書 1ページ目先頭の売上・経常利益を見る

5年前から時系列の伸びを3分で見る

株価と業績の連動性を5秒でチェック

BL? ボーイズラブ？
PL? 桑田とか清原の？

※BSです

そんなナイスな反応をされる
「投資ビギナー」から

ありがとうございます

コーヒーどうぞ

理論株価？　ほほう。
私はその計算法にうるさいですよ

フフン

という「中〜上級者」まで
役立てるよう、
私の決算分析法ポイントを
すべて詰め込みました。

いいちも
き
モミモミ

本書の知識を実践に落とし込めば、
きっと一人前の「成長株投資家」になれるはず。

あなたも証券口座のパスワードを忘れるくらい、
資産が自動で増え続ける銘柄を探せるよう、
さっそく本編スタート！

たのしみ〜

はじめに

こんにちは、投資家 VTuber のはっしゃんです。

私が株式投資で築いた金融資産は 2021 年 8 月 5 日時点で、3 億 6146 万円。業績と株価が右肩上がりで連動している成長企業への長期投資を中心に増やしました。

本書はそんな私こと、はっしゃんが**「決算書」**をもとに**「株価 10 倍株（テンバガー）」**が期待できる有望成長株を探す方法について解説した本です。

当たり前ですが、株式には「上がる株」と「上がらない株」があります。では、「上がる株」と「上がらない株」の違いって何でしょうか？

図 1 の 2 つの株価チャートを見ると左は大きく上昇していて、

図1 「上がる株」と「上がらない株」の違いとは？

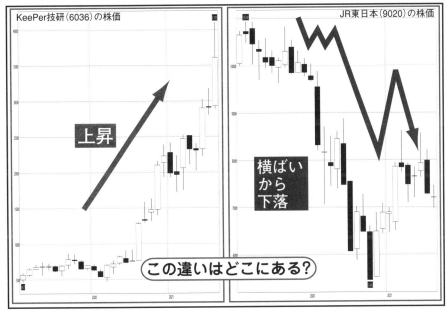

7

右は横ばいから下げています。

　実は、「上がる株」と「上がらない株」の違いは業績にあります。
図2をご覧ください。

　株価チャートに、上方修正などのイベントを書き込んだものです。
一方の株は業績が好調となって上昇しており、もう一方は業績が悪
化したことで下落しているのが分かりますね。

　さらに言うと「上がる株」にも、「短期で終わる株」と**「長期で
上がり続ける成長株」**の2種類があります。あなたは「短期で終わ
る株」と「長期で上がり続ける成長株」のどちらを買いたいと思い
ますか？

　この2つの違いも業績にあります。好調な業績が一時的なブーム
で終わってしまうのが「短期で終わる株」。業績好調が5年10年
と続いていくのが「長期で上がり続ける成長株」です。プロの機関

図2　「上がる株」と「上がらない株」に起こった業績イベント

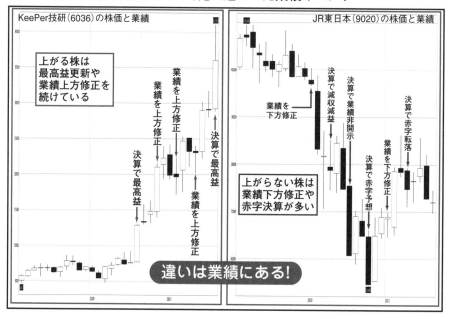

投資家や中・上級者以上の個人投資家は、ほとんど業績を見て株を買っています。その業績というのが、要するに決算書になります。

本書は、成長株投資家であるはっしゃんが、投資初心者からステップアップするために書いた**「成長株投資のための決算書入門」**です。

これまで、決算書の入門書と言えば、経理や経営向けの専門書や、決算書分析を前提とする**「バリュー**（Value ＝お買い得といった意味）**投資家」**向けの本はありましたが、「成長株投資向け」の本はありませんでした。

実はバリュー投資と成長株投資では「決算書を読む」ポイントが大きく異なります。そこで、この本は、投資初心者が決算書を通じて成長株投資を志すための入門書に、内容を絞って書きました。

簡単な内容から入って、少しずつステップアップしていける教科書のような構成になっています。

IT化の進んだ2000年以降、決算書がデータ化され、ただちに配信・共有されるようになったことで、企業価値のミスプライスを買うバリュー投資で利益を出すのが難しくなりました。「ミスプライスを探すバリュー投資」から**「将来の企業価値を先取りする成長株投資」**へ市場トレンドが移行したと言えるでしょう。

本書で、成長株のための決算書を基礎から学んで、「長期で上がり続ける成長株」を自分で探せる成長株投資家を目指しましょう。

本書の内容について

　株式投資において決算書は、投資に必要なファンダメンタル（fundamental ＝経済活動の状況を示す基礎的要因のこと。企業の場合は業績や財務状況）な情報を与えてくれる教科書のような存在です。

　株価が上昇する原動力になるのは業績ですから、プロの機関投資家に比べて情報量の少ない私たち個人投資家が「業績がよく、成長が期待でき、株価が上昇しそうな会社」を探し出すには、決算書を読めるようになることが一番の近道となります。

　もちろん、決算書を最初から最後まですべて読み通す必要はありません。

●決算書１ページ目先頭の売上・経常利益を見る
●５年前から時系列の伸びを３分で見る
●株価と業績の連動性を５秒でチェック

――ほんの少しの分析を行うことでも、好業績で成長が続きそうな成長株候補に出合えるチャンスは増えます。

　本書では、株式投資を始めたばかりの初心者の方でも、成長株投資に必要な企業分析の仕方、業績に基づく株価予測、成長株の発掘が一通りできるようにしました。

　巻末には2021年前半終了段階で、はっしゃんが有望な成長株候補としてピックアップした具体的な銘柄も紹介しています。

　決算書と言うと「難しい用語がたくさん出ていて分からない」「数字の羅列ばかりで難しい」「どこを見たらいいのか分からない」

という読者の方も多いと思います。

本書では、まず実際に**株価が10倍以上になったスター成長株**の5年前からの決算書を見ながら、最小限のチェックポイントを紹介します。慣れてくれば1銘柄3分もあれば成長株候補か判断できるようになるでしょう。

次に決算書の内容を要約した**「決算短信」**1ページ目を中心に速読しつつ、有望株をより詳しくチェックする方法を「決算書速読10ヵ条」として解説します。

そして、**「貸借対照表（BS：**Balance Sheet**）」「損益計算書（PL：**Profit And Loss Statement**）」「キャッシュフロー計算書（CF：**Cash Flow Statement**）」**で構成される**「財務三表」**を学習することで、決算書をしっかり読み込んで分析できる投資家を目指します。

具体的には、はっしゃんがネット上で無料公開している「株初心者向け決算書ビジュアル分析ツール」を活用することで、財務三表を「見える化」する方法を紹介しています。

また、本書刊行にあたって新たに作成した「Excel分析シート」を使って本格的な決算書分析にもチャレンジし、独力で**未来の企業価値を分析する方法**も詳しく書きました。

本書を最後まで読めば、決算書を使って成長株候補を発掘し、投資判断するまで、本格的な決算書分析のスキルが身につきます。

本書を通じて、決算書や企業分析に興味を持っていただき、自分自身で分析や判断ができる一人前の投資家になるヒントをつかんでいただけたら幸いです。

※本書のQRコード先サイトの運営に書店・図書館・出版社は関わっておりません。ご不明な点がございましたら、Twitter「はっしゃん投資家VTuber　@trader_hashang」にリプライなどでお問い合わせください。またサイトへのアクセスはネット環境が整っていることが前提です。なお、運営は予告なく終了することがございます。あらかじめご了承ください。

株で資産3.6億円を築いたサラリーマン投資家が教える
決算書「3分速読」からの"10倍株"の探し方

目　次

●本書の内容の多くは、2021年8月現在の情報を元に作成しています。本書刊行後、金融に関連する法律、制度が改正、または各社のサービス内容が変更される可能性がありますのであらかじめご了承ください。

●本書は株式投資情報の提供も行っていますが、特定の銘柄の購入を推奨するもの、またその有用性を保証するものではありません。個々の金融サービス、またはその金融商品の詳細については各金融機関にお問い合わせください。

●株式投資には一定のリスクが伴います。売買によって生まれた利益・損失について、執筆者ならびに出版社は一切責任を負いません。株式投資は必ず、ご自身の責任と判断のもとで行うようにお願い致します。

装丁／菊池　祐
漫画・イラスト／山中正大
DTP制作／㈱キャップス
校正／鷗来堂
株価チャート監修／はっしゃん
株価チャート提供／kabuka.biz
編集協力／エディマーケット
編集／荒川三郎

第1章

10倍株の候補を「3分間でチェックする方法」

~過去5年分の決算から成長ストーリーを疑似体験~

成長株候補を3分間で判定する方法

　第1章では、実際にテンバガーを達成したスター成長株を事例に、3分間で成長株候補をチェックする方法について紹介していきます。
　その方法が、
●**決算書1ページ目先頭の売上・経常利益を見る**
●**5年前から時系列の伸びを3分で見る**
●**株価と業績の連動性を5秒でチェック**（第2章で紹介）
になります。あわせて見ておくポイントにも触れていますが、慣れてくれば1銘柄3分もあれば成長株候補か判断できるようになるでしょう。

成長企業の過去5年の決算と株価の推移を振り返る

　2016年7月に306円（※株式分割を考慮）の安値をつけた半導体検査装置メーカー・レーザーテック（6920）の株価は、2021年8月に高値2万4160円まで上昇しました。5年間で約79倍です。
　その5年間の同社業績が記載された決算短信を振り返ったのが次ページに見開きで紹介する**図4**です。ちなみに、決算の主要な情報を記した決算短信冒頭の1～2ページ目は「**サマリー**（要約）」と呼ばれますが、この部分だけで決算書は9割分かります。
　決算短信は、同社Webサイト（https://www.lasertec.co.jp/）にアクセスして「IR」→「IR資料室」→「最新IR資料」と下りていき、決算年度をプルダウン方式で変えると2002年6月期までの決算短信をさかのぼって閲覧できます。

※　「※」印がある株価は、その後に実施された株式分割を考慮して再計算した価格になります。以下すべて同じです。

　2021年6月期は決算短信1ページ目をすべて、それ以前の4期について
は、決算短信1ページ目冒頭の「経営成績」欄を切り取っ
て掲載しました。

　過去の業績を振り返るときは、**決算短信1ページ目冒頭の経営成
績欄の「売上と利益」**、中でも**「前年同期比の伸び率」**に注目します。

　もし、その期に目を見張るような増収増益を達成していたら、決
算書4ページ以降の**「経営成績等の概況」**も一読して、どんな理由
で好業績になったかも確認しましょう。

レーザーテック株価79倍までの業績推移

　レーザーテックの2016年6月期から2021年6月期の売上・経
常利益、そして株価（**図3**）の伸び率を時系列で見ていきましょう。

　2016年6月期のレーザーテックは、売上こそ横ばいだったもの

図3　レーザーテックの過去5年（2016年7月〜2021年8月）の株価の推移

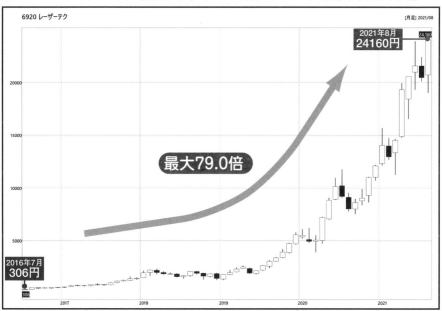

図4　レーザーテックの過去5年の決算短信で見る売上・利益の推移

2021年6月期　決算短信〔日本基準〕（連結）

2021年8月6日

上場会社名　　レーザーテック株式会社	上場取引所　東

コード番号　　6920　　　URL　https://www.lasertec.co.jp/
代表者　　　（役職名）代表取締役社長　　　　　（氏名）岡林　理
問合せ先責任者　（役職名）常務取締役管理本部長　　（氏名）内山　秀　　　TEL　045-478-7111
定時株主総会開催予定日　2021年9月28日　　　　配当支払開始予定日　2021年9月29日
有価証券報告書提出予定日　2021年9月29日
決算補足説明資料作成の有無：　有
決算説明会開催の有無　　　：　有　（アナリスト・機関投資家向け）

（百万円未満切捨て）

1．2021年6月期の連結業績（2020年7月1日〜2021年6月30日）
（1）連結経営成績　　　　　　　　　　　　　　　　　　　　　　　（％表示は対前期増減率）

	売上高		営業利益		経常利益		親会社株主に帰属する 当期純利益	
	百万円	％	百万円	％	百万円	％	百万円	％
2021年6月期	70,248	65.0	26,074	73.1	26,438	74.9	19,250	77.9
2020年6月期	42,572	48.0	15,062	89.7	15,115	92.9	10,823	82.4

（注）包括利益　2021年6月期　20,251百万円（86.4％）　　　2020年6月期　10,863百万円（88.4％）

	1株当たり 当期純利益	潜在株式調整後 1株当たり当期純利益	自己資本 当期純利益率	総資産 経常利益率	売上高 営業利益率
	円　銭	円　銭	％	％	％
2021年6月期	213.47	213.29	40.8	26.4	37.1
2020年6月期	120.02	119.92	30.8	22.9	35.4

（参考）持分法投資損益　　2021年6月期　　－百万円　　2020年6月期　　－百万円
（注）当社は、2019年11月25日開催の取締役会決議に基づき、2020年1月1日付で普通株式1株につき2株の割合で株式
分割を行っております。そのため、前連結会計年度の期首に当該株式分割が行われたと仮定して1株当たり当期純
利益及び潜在株式調整後1株当たり当期純利益を算定しております。

（2）連結財政状態

	総資産	純資産	自己資本比率	1株当たり純資産
	百万円	百万円	％	円　銭
2021年6月期	118,725	55,188	46.5	611.76
2020年6月期	81,794	39,175	47.9	434.19

（参考）自己資本　2021年6月期　55,166百万円　2020年6月期　39,154百万円

（3）連結キャッシュ・フローの状況

	営業活動による キャッシュ・フロー	投資活動による キャッシュ・フロー	財務活動による キャッシュ・フロー	現金及び現金同等物 期末残高
	百万円	百万円	百万円	百万円
2021年6月期	10,488	△3,703	△4,242	27,849
2020年6月期	16,486	△2,038	△2,800	24,660

2．配当の状況

	年間配当金					配当金総額 （合計）	配当性向 （連結）	純資産配当 率（連結）
	第1四半期末	第2四半期末	第3四半期末	期末	合計			
	円　銭	円　銭	円　銭	円　銭	円　銭	百万円	％	％
2020年6月期	－	31.00	－	27.00	－	3,832	35.4	10.9
2021年6月期	－	20.00	－	55.00	75.00	6,763	35.1	14.3
2022年6月期（予想）	－	32.00	－	50.00	82.00		35.2	

（注）当社は、2019年11月25日開催の取締役会決議に基づき、2020年1月1日付で普通株式1株につき2株の割合で株式
分割を行っております。これに伴い2020年6月期の期末以降の1株当たり配当金については、株式分割を考慮した
金額で記載しております。なお、株式分割を考慮しない場合の2020年6月期の期末の1株当たり配当金は54円とな
ります。また、2020年6月期の合計の1株当たり配当金につきましては、株式分割の実施により単純計算できない
ため表示しておりません。

図4つづき

2016年6月期	売上0.7%増　経常利益1.2%減

2017年6月期	売上13.6%増　経常利益9.0%増

1．平成29年6月期の連結業績（平成28年7月1日～平成29年6月30日）
　（1）連結経営成績　　　　　　　　　　　　　　　　　　　　　　　（％表示は対前期増減率）

	売上高		営業利益		経常利益		親会社株主に帰属する当期純利益	
	百万円	%	百万円	%	百万円	%	百万円	%
29年6月期	17,369	13.6	4,960	12.0	4,989	9.0	3,554	10.1
28年6月期	15,291	0.7	4,428	△6.2	4,575	△1.2	3,227	9.3

2018年6月期	売上23.0%増　経常利益14.9%増

1．2018年6月期の連結業績（2017年7月1日～2018年6月30日）
　（1）連結経営成績　　　　　　　　　　　　　　　　　　　　　　　（％表示は対前期増減率）

	売上高		営業利益		経常利益		親会社株主に帰属する当期純利益	
	百万円	%	百万円	%	百万円	%	百万円	%
2018年6月期	21,252	23.0	5,685	16.0	5,706	14.9	4,366	23.5
2017年6月期	17,278	－	4,901	－	4,964	－	3,534	－

2019年6月期	売上35.4%増　経常利益37.3%増

1．2019年6月期の連結業績（2018年7月1日～2019年6月30日）
　（1）連結経営成績　　　　　　　　　　　　　　　　　　　　　　　（％表示は対前期増減率）

	売上高		営業利益		経常利益		親会社株主に帰属する当期純利益	
	百万円	%	百万円	%	百万円	%	百万円	%
2019年6月期	28,769	35.4	7,941	39.7	7,834	37.3	5,933	35.9
2018年6月期	21,252	23.0	5,685	16.0	5,706	14.9	4,366	23.5

2020年6月期	売上48.0%増　経常利益92.9%増

1．2020年6月期の連結業績（2019年7月1日～2020年6月30日）
　（1）連結経営成績　　　　　　　　　　　　　　　　　　　　　　　（％表示は対前期増減率）

	売上高		営業利益		経常利益		親会社株主に帰属する当期純利益	
	百万円	%	百万円	%	百万円	%	百万円	%
2020年6月期	42,572	48.0	15,062	89.7	15,115	92.9	10,823	82.4
2019年6月期	28,769	35.4	7,941	39.7	7,834	37.3	5,933	35.9

2021年6月期	売上65.0%増　経常利益74.9%増

1．2021年6月期の連結業績（2020年7月1日～2021年6月30日）
　（1）連結経営成績　　　　　　　　　　　　　　　　　　　　　　　（％表示は対前期増減率）

	売上高		営業利益		経常利益		親会社株主に帰属する当期純利益	
	百万円	%	百万円	%	百万円	%	百万円	%
2021年6月期	70,248	65.0	26,074	73.1	26,438	74.9	19,250	77.9
2020年6月期	42,572	48.0	15,062	89.7	15,115	92.9	10,823	82.4

の、1.2％の経常減益※となり株価も 2015 年 6 月終値から 27％下落※しました。

　2017 年 6 月期になって同社の売上は前期比 13.6％増、経常利益も 9％増となり、株価は 2.5 倍以上に上昇。このときの決算短信の「経営成績等の概況」欄を見ると、IoT（モノのインターネット化）や AI（人工知能）、データサーバ需要の高まりでメモリーメーカーやファウンドリ（半導体受託製造会社）が積極的な設備投資を行った結果、半導体製造関連装置が前年度比で大きく伸びたと書かれています。

　業績の伸びは 2019 年 6 月期に入ると加速しました。

　売上、経常利益とも前期比 30％台で成長しますが、株価は 2016 年 6 月末から 2018 年 6 月末の 2 年で 5 倍増したこともあり、2018 年 6 月末から 2019 年 6 月末の 1 年間は 37％増にとどまりました。

　ちなみに、はっしゃんがレーザーテックを成長株としてピックアップし、運営する**「成長株 Watch」**（http://kabuka.biz/growth/）内の**「成長株ランキング」**でフォローし始めたのが 2019 年 6 月頃になります。

はっしゃんが
選んだ成長株
候補を見るなら

「成長株 Watch」内の
「成長株ランキング」
http://kabuka.biz/growth/
ranking.php

　この 2019 年 6 月期の概況欄に初めて、同社株を大きく上昇させた「EUV（極端紫外線）リソグラフィ」という言葉が出てきます。「大手ファウンドリでは次世代の EUV（極端紫外線）リソグラフィ

※　売上・利益の伸び率や金額（億単位）は小数点第 2 位以下を四捨五入して表示。株価の上昇率・倍率も表示された数字以下の部分は四捨五入しています。以下すべて同じです。

に対応する投資を開始しました」という、簡単な一文程度に過ぎませんが、この最先端技術 EUV に対応した半導体検査装置が同社の業績を躍進させる原動力となりました。

　2020 年 6 月期に入って業績はさらに飛躍し、売上は前期比 48.0％増、経常利益は前期比 92.9％増まで伸長します。ここで市場参加者の関心を一気に集めたレーザーテックは「スター株」となり、株価は 1 年間で 4.8 倍も上昇しました。

　概況には、「半導体業界では（中略）リモートワーク、e コマース、ゲーミングの増加やそれら通信量の増大に対応した DC（データセンター）向けの需要が拡大しました（中略）。ロジックデバイスメーカーの最先端分野では次世代の EUV リソグラフィを用いた半導体の量産が開始され、大手デバイスメーカーやマスクブランクスメーカーが引き続き EUV 関連分野で生産増強の投資を継続しています」と書かれています。

株価と業績推移に見る10倍株「大化け」の瞬間

　次ページの図5は 2016 年 6 月期から 2021 年 6 月期の業績と株価の推移を示したものです。

　5 年間で売上が約 4.6 倍、経常利益が約 5.8 倍に増える中、株価は約 79 倍まで上昇しているので、両者の縦軸を別々にとっています。

　2019 年 6 月期までの経常利益と株価の伸びが同じぐらいの傾きになるように縦の 1 軸・2 軸を調整すると、2020 年 6 月期に入ってから株価の伸びが業績の伸びを大きく引き離していることが分かります。

　レーザーテックの株価急騰は 2019 年 6 月期までの 3 年間が第 1 ステージ、2020 年 6 月期から 2021 年期 6 月期までが第 2 ステージと言えるでしょう。

図5　レーザーテックの過去5年の業績と株価の推移

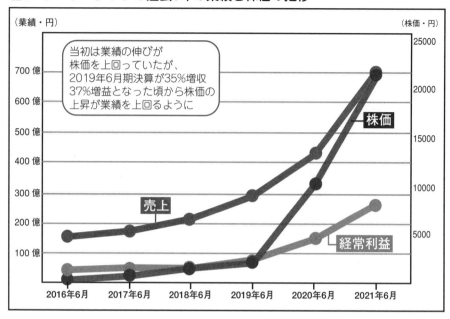

（業績・円）

当初は業績の伸びが
株価を上回っていたが、
2019年6月期決算が35％増収
37％増益となった頃から株価の
上昇が業績を上回るように

700 億
600 億
500 億
400 億
300 億
200 億
100 億

株価

売上

経常利益

（株価・円）

25000

20000

15000

10000

5000

2016年6月　2017年6月　2018年6月　2019年6月　2020年6月　2021年6月

　スター成長株には「大化け」したかのように成長ステージが変わって、**株価の伸びが業績を上回って加速する瞬間**があります。

　上昇が加速してから2年で、株価はさらに10倍化しました。その上昇を牽引したのが、EUV（極端紫外線）リソグラフィ向けに作られた世界シェア100％の半導体検査装置です。

「利益が2倍になれば株価も2倍」が基本の考え方

　駆け足でレーザーテックの成長物語を振り返りましたが、実際に株価が10倍になったスター株の過去を疑似体験することで、業績がどのように加速していき、株価が上昇するかを知っておく——それが、決算書を使ってテンバガーにたどり着くための第一歩です。

　成功例を知らないと、そのプロセスを想像できませんから、実際に**チャンスに遭遇していても気づかなかった**ということになります。

これから代表的なスター成長株を紹介していきますが、皆さんにも自分自身が興味のある成長企業の決算書を5年前から振り返って、その「成功」を追体験することをお勧めします。そうすることで、成長株投資の感触をつかんでください。

レーザーテックの場合、業績の伸び率に比べて株価はさらに10倍近く上昇しましたが、このことから最低でも次のことは言えるでしょう。すなわち、

「売上が2倍になれば利益は2倍になり株価も2倍になる」

これは、成長株投資の基本となる考え方で、本書でも繰り返し登場しますので覚えておいてください。

テンバガー株の成長ストーリーを疑似体験する

レーザーテックは製造業ですが、テンバガーを達成する成長企業は、さまざまな業種・分野で生まれています。

個人投資家にも**身近な小売業**では「業務スーパー」の神戸物産（3038）、「ワークマンプラス」で女性層にも人気のワークマン（7564）などがあります。

IT業界では、医師向けSNSを展開するエムスリー（2413）、中小企業向けクラウドサービスのラクス（3923）など多くのテンバガー株が生まれています。

コンサルティングでは上場企業向けサービスのIRジャパンホールディングス（6035）、アウトソーシングではジャパンエレベーターサービスホールディングス（6544）が**ニッチ市場**で躍進しました。

また、成長株投資で避けられないのが、強力なライバルが出現したり、ビジネスモデルが流行遅れになったり、事業自体のリスクが高かったことなどで、成長がストップしてしまう状況です。

これを**「成長倒れ」**と呼んでいますが、そうした企業の例として「いきなり！ステーキ」で一世を風靡したペッパーフードサービス（3053）、自治体向け電力供給事業で急成長したホープ（6195）の栄枯盛衰も見てみましょう。

各社各様の成長ストーリーや熱のこもった「経営概況」を読むのは、企業成長の「成功プロセスを知る」という意味でも貴重です。

神戸物産の成長ストーリーを振り返る

レーザーテックのような半導体株の場合、個人投資家には、そのビジネスの中身がよく分からないという問題があります。

その点、一般消費者を相手にした**小売、流通、外食、アパレル**といったセクター（業種）は業務の内容も分かりやすく、個人投資家がターゲットとするには最適な分野の一つと言えるでしょう。

そんな個人投資家にも分かりやすいビジネスモデルでテンバガーになったのが、「毎日がお買い得」をコンセプトに低価格の食材・PB商品を販売する「業務スーパー」の神戸物産です。

図6は同社Webサイトに掲載された過去5年間の決算短信1ページ目冒頭の「連結経営成績」をキャプチャーして並べたものです。2017年10月期から2020年10月期は実績値、2021年10月期は会社の通期予想値になります。

小売業という業種の性格上、店舗拡大のペースに合わせて売上が着々と伸び、それにともなって利益も順調に伸びる形で増収増益が続いています。いきなり売上・利益が2倍になるようなことはないものの、2019年10月期から会社予想の2021年10月期まで3年にわたって20%超の利益成長を続けている点は注目に値します。

「街中やテレビなどで『業務スーパー』のことを見聞きするように

図6　神戸物産の過去5年の決算短信で見る売上・利益の推移

2017年10月期　売上5.1％増　経常利益80.8％増

1．平成29年10月期の連結業績（平成28年11月1日〜平成29年10月31日）
（1）連結経営成績　（％表示は対前期増減率）

	売上高		営業利益		経常利益		親会社株主に帰属する当期純利益	
	百万円	％	百万円	％	百万円	％	百万円	％
29年10月期	251,503	5.1	14,606	23.4	15,778	80.8	8,346	83.0
28年10月期	239,266	4.7	11,833	74.0	8,729	3.0	4,560	9.2

2018年10月期　売上6.2％増　経常利益0.3％増

1．2018年10月期の連結業績（2017年11月1日〜2018年10月31日）
（1）連結経営成績　（％表示は、対前期増減率）

	売上高		営業利益		経常利益		親会社株主に帰属する当期純利益	
	百万円	％	百万円	％	百万円	％	百万円	％
2018年10月期	267,175	6.2	15,722	7.6	15,831	0.3	10,363	24.2
2017年10月期	251,503	5.1	14,606	23.4	15,778	80.8	8,346	83.0

2019年10月期　売上12.1％増　経常利益22.8％増

1．2019年10月期の連結業績（2018年11月1日〜2019年10月31日）
（1）連結経営成績　（％表示は、対前期増減率）

	売上高		営業利益		経常利益		親会社株主に帰属する当期純利益	
	百万円	％	百万円	％	百万円	％	百万円	％
2019年10月期	299,616	12.1	19,239	22.4	19,434	22.8	12,056	16.3
2018年10月期	267,175	6.2	15,722	7.6	15,831	0.3	10,363	24.2

2020年10月期　売上13.8％増　経常利益21.7％増

1．2020年10月期の連結業績（2019年11月1日〜2020年10月31日）
（1）連結経営成績　（％表示は対前期増減率）

	売上高		営業利益		経常利益		親会社株主に帰属する当期純利益	
	百万円	％	百万円	％	百万円	％	百万円	％
2020年10月期	340,870	13.8	23,851	24.0	23,646	21.7	15,047	24.8
2019年10月期	299,616	12.1	19,239	22.4	19,434	22.8	12,056	16.3

2021年10月期予想　売上5.0％増　経常利益26.9％増

※2021年10月期第2四半期時点

3．2021年10月期の連結業績予想（2020年11月1日〜2021年10月31日）
（％表示は、対前期増減率）

	売上高		営業利益		経常利益		親会社株主に帰属する当期純利益		1株当たり当期純利益
	百万円	％	百万円	％	百万円	％	百万円	％	円　銭
通期	358,000	5.0	29,400	23.3	30,000	26.9	20,000	32.9	92.84

（注）直近に公表されている業績予想からの修正の有無：有

図7 神戸物産の過去5年(2016年7月〜2021年8月)の株価の推移

なった」と言う人は多いはずです。その認知度に合わせるかのように、株価も順調に上昇していきました（**図7**）。

　特に前期比 12.1% 増収、22.8% の経常増益と、業績の伸びに弾みがついたのが 2019 年 10 月期です。

　その期の決算短信の経営成績等の概況欄を見ると、「関東エリアや九州エリアへの出店を中心に新規出店を進め」たこと。「PB 商品がメディアで取り上げられる等、新しいお客様のご来店のきっかけにも繋がった」ことが堅調な業績の要因と分析されています。

　この頃の同社の「月次 IR ニュース」を読むと毎月のように「タピオカドリンク（ミルクティー）」「インスタントタピオカ」の売れ行きが好調と報告されています。

　2019 年に台湾由来のタピオカドリンクが大ブームになったことを覚えている読者の方も多いでしょう。神戸物産はこのタピオカブームに乗って躍進したことで知られています。

　さらに2020年には新型コロナショックがありました。緊急事態宣言などで外食店が休業し、自炊する人が増えたため業績はさらに伸長しました。

　直近の2021年10月期第2四半期の売上は前年同期比0.2%増と微増ですが、経常利益は21.9%増と20%台の利益成長をキープしています。

　概況欄には、これまでの決算短信にもよく登場してきた「業務スーパーの魅力であるプライベートブランド商品が多くのメディアで取り上げられ、業務スーパーの認知度の向上や新規顧客の獲得に繋がっております」の文言が繰り返されており、PB商品の販売増加が利益率の高さにつながっているようです。

　決算書でこうした最新の情報に接したら、「では、『業務スーパー』のPB商品で最近、ヒットしているものはないか」など、売れ行き動向をネットでリサーチしたり、実際に店舗に出かけてみたり、マスコミやSNSで話題になっていないかチェックすることも、成長株の特徴や強みを知る手助けになります。

　半導体やコンサルと違って、一般消費者＝個人投資家が顧客の会社ですから、自分でいろいろ調べて投資しやすい点が小売株の魅力です。

ワークマンの成長ストーリーを振り返る

　ワークマンは、建設職人向けの高機能な作業着を販売するアパレルメーカーでホームセンター「カインズ」なども展開するベイシアグループの中核企業です。2018年に一般向けの低価格なカジュアル店「ワークマンプラス」を展開し始めて業績が伸び、注目されるようになりました。

　次ページの**図8**が過去5年の業績の推移です。「ワークマンプラス」の貢献で2019年3月期からは3年連続で約15%から38%の

売上増、20% 台から 40% に達する経常増益を続けて、株価も 2018 年 3 月末の 2472 円※から 2021 年 3 月末の 7930 円まで 3 年間で約 3.2 倍になりました。特に 2020 年 3 月期は 37.8% 増収、40.1% 経常 増益と、成長株でよく見かける「飛躍の年」になりました。

　この期の決算短信の概況欄を読むと、利益率が高い PB 商品の拡 充に加え、好調な「ワークマンプラス」のみ新規出店を行ったこと、 フランチャイズ・ストアが前期末より 100 店舗増になったことな どが書かれています。

　同社は直営店が少なく、9 割以上がフランチャイズ店で、店舗運 営リスクをとらず、フランチャイズオーナーと利益を分け合うビジ ネスモデルです。そのため、アパレル業界の中では**非常に利益率が 高い**ことが特色となっています。

　2021 年 3 月期は売上（営業総収入）1058.2 億円に対して、経常 利益は 254.1 億円ですので、経常利益率は 24% に達しています。

　先の神戸物産などを見ても分かるように、低価格の商品を売る小 売業は利益率が低いのが一般的です。それを考えると、24% とい うのは突出した利益率です。

　例えば、アパレル業界の中では利益率が高いと言われる「ユニク ロ」のファーストリテイリング（9983）の 2021 年 8 月期第 2 四半 期は売上収益 1 兆 2028.6 億円に対して、税引前四半期利益は 1714.8 億円ですから、利益率は約 14%。それを大きく上回る利益 率の高さがワークマンの強みと言えるでしょう。

　実店舗主体の販売スタイルながらコロナ禍に見舞われた 2021 年 3 月期も 14.6% 増収、22.9% の経常増益を確保。決算短信の概況欄 を読むと、従来の作業服販売や「ワークマンプラス」に加え、新業 態の「＃ワークマン女子」の開発や東京ガールズコレクション参加 などを通じた若年層へのアピール、コロナ禍で流行しているキャン プ向けアウトドアグッズの開発など、カジュアル衣料への進出をさ

図8　ワークマンの過去5年の決算短信で見る売上・利益の推移

2017年3月期　　売上5.0%増　経常利益7.9%増

１．平成29年３月期の業績（平成28年４月１日～平成29年３月31日）

（１）経営成績　　　　　　　　　　　　　　　　　　　　　　　　　　（％表示は対前期増減率）

	営業総収入		営業利益		経常利益		当期純利益	
	百万円	%	百万円	%	百万円	%	百万円	%
29年３月期	52,077	5.0	9,553	8.5	10,735	7.9	7,142	14.6
28年３月期	49,577	2.4	8,807	5.6	9,948	5.1	6,233	6.1

2018年3月期　　売上7.7%増　経常利益10.4%増

１．平成30年３月期の業績（平成29年４月１日～平成30年３月31日）

（１）経営成績　　　　　　　　　　　　　　　　　　　　　　　　　　（％表示は対前期増減率）

	営業総収入		営業利益		経常利益		当期純利益	
	百万円	%	百万円	%	百万円	%	百万円	%
30年３月期	56,083	7.7	10,603	11.0	11,856	10.4	7,844	9.8
29年３月期	52,077	5.0	9,553	8.5	10,735	7.9	7,142	14.6

2019年3月期　　売上19.4%増　経常利益24.5%増

１．2019年３月期の業績（2018年４月１日～2019年３月31日）

（１）経営成績　　　　　　　　　　　　　　　　　　　　　　　　　　（％表示は対前期増減率）

	営業総収入		営業利益		経常利益		当期純利益	
	百万円	%	百万円	%	百万円	%	百万円	%
2019年３月期	66,969	19.4	13,526	27.6	14,755	24.5	9,809	25.1
2018年３月期	56,083	7.7	10,603	11.0	11,856	10.4	7,844	9.8

2020年3月期　　売上37.8%増　経常利益40.1%増

１．2020年３月期の業績（2019年４月１日～2020年３月31日）

（１）経営成績　　　　　　　　　　　　　　　　　　　　　　　　　　（％表示は対前期増減率）

	営業総収入		営業利益		経常利益		当期純利益	
	百万円	%	百万円	%	百万円	%	百万円	%
2020年３月期	92,307	37.8	19,170	41.7	20,666	40.1	13,369	36.3
2019年３月期	66,969	19.4	13,526	27.6	14,755	24.5	9,809	25.1

2021年3月期　　売上14.6%増　経常利益22.9%増

１．2021年３月期の業績（2020年４月１日～2021年３月31日）

（１）経営成績　　　　　　　　　　　　　　　　　　　　　　　　　　（％表示は対前期増減率）

	営業総収入		営業利益		経常利益		当期純利益	
	百万円	%	百万円	%	百万円	%	百万円	%
2021年３月期	105,815	14.6	23,955	25.0	25,409	22.9	17,039	27.5
2020年３月期	92,307	37.8	19,170	41.7	20,666	40.1	13,369	36.3

図9　ワークマンの過去5年（2016年7月〜2021年8月）の株価の推移

7564 ワークマン　　　　　　　　　　　　　　　　　　　　　　　　　　[月足] 2021/08

2019年12月
10570円

最大7.0倍

2017年4月
1508円

※2014年5月から見ると株価10倍以上

らに加速する方針を打ち出しています。

　株価（**図9**）は2020年3月期の好決算で上昇したあと、調整傾向にありますが、こうしたカジュアル路線への転換の成否が今後の行方を決めそうです。

エムスリーの成長ストーリーを振り返る

　図10は医師向けSNSサービスをWeb上で提供するエムスリーの過去5年間の決算書から、冒頭の経営成績欄を抜き出したものです。同社は、2020年のコロナ禍で注目を浴びたリモート診療事業にも参入していますが、ソニーグループ（6758）が株式の34.0%を保有するソニー系企業です。

　同社の売上はこの5年間、毎年10%台後半から20%台というペースで成長を続けてきました。

図10　エムスリーの過去5年の決算短信で見る売上・利益の推移

2017年3月期　売上20.9%増　税引前利益25.1%増

１．平成29年３月期の連結業績（平成28年４月１日〜平成29年３月31日）

（1）連結経営成績 （％表示は対前期増減率）

	売上収益		営業利益		税引前利益		当期利益		親会社の所有者に帰属する当期利益		当期包括利益合計額	
	百万円	%	百万円	%	百万円	%	百万円	%	百万円	%	百万円	%
29年３月期	78,143	20.9	25,050	25.1	24,959	25.1	16,938	25.5	16,004	28.0	15,893	21.6
28年３月期	64,660	25.9	20,022	24.7	19,950	23.3	13,493	29.4	12,508	28.2	13,067	15.2

2018年3月期　売上20.9%増　税引前利益19.0%増

１．2018年３月期の連結業績（2017年４月１日〜2018年３月31日）

（1）連結経営成績 （％表示は対前期増減率）

	売上収益		営業利益		税引前利益		当期利益		親会社の所有者に帰属する当期利益		当期包括利益合計額	
	百万円	%	百万円	%	百万円	%	百万円	%	百万円	%	百万円	%
2018年３月期	94,471	20.9	29,713	18.6	29,700	19.0	20,783	22.7	19,684	23.0	19,575	23.2
2017年３月期	78,143	20.9	25,050	25.1	24,959	25.1	16,938	25.5	16,004	28.0	15,893	21.6

2019年3月期　売上19.7%増　税引前利益12.6%増

１．2019年３月期の連結業績（2018年４月１日〜2019年３月31日）

（1）連結経営成績 （％表示は対前期増減率）

	売上収益		営業利益		税引前利益		当期利益		親会社の所有者に帰属する当期利益		当期包括利益合計額	
	百万円	%	百万円	%	百万円	%	百万円	%	百万円	%	百万円	%
2019年３月期	113,059	19.7	30,800	12.1	30,942	12.6	21,346	11.0	19,577	8.0	21,414	9.4
2018年３月期	94,471	20.9	27,486	–	27,472	–	19,225	–	18,127	–	19,575	23.2

2020年3月期　売上15.8%増　税引前利益11.9%増

１．2020年３月期の連結業績（2019年４月１日〜2020年３月31日）

（1）連結経営成績 （％表示は対前期増減率）

	売上収益		営業利益		税引前利益		当期利益		親会社の所有者に帰属する当期利益		当期包括利益合計額	
	百万円	%	百万円	%	百万円	%	百万円	%	百万円	%	百万円	%
2020年３月期	130,973	15.8	34,337	11.5	34,610	11.9	24,153	13.1	21,635	10.5	22,331	4.3
2019年３月期	113,059	19.7	30,800	12.1	30,942	12.6	21,346	11.0	19,577	8.0	21,414	9.4

2021年3月期　売上29.2%増　税引前利益68.3%増

１．2021年３月期の連結業績（2020年４月１日〜2021年３月31日）

（1）連結経営成績 （％表示は対前期増減率）

	売上収益		営業利益		税引前利益		当期利益		親会社の所有者に帰属する当期利益		当期包括利益合計額	
	百万円	%	百万円	%	百万円	%	百万円	%	百万円	%	百万円	%
2021年３月期	169,198	29.2	57,972	68.8	58,264	68.3	41,198	70.6	37,822	74.8	43,766	96.0
2020年３月期	130,973	15.8	34,337	11.5	34,610	11.9	24,153	13.1	21,635	10.5	22,331	4.3

決算短信の概況欄からは、同社の稼ぎ頭が「m3.com」という医師向けSNSであること、そのSNS上で「治験君」「QOL君」「MR君」など、医師向けの情報提供や製薬会社の営業活動を手助けする有料サービスを展開していること、それらが成長の中核になっていることが分かります。

2004年の上場直後から海外進出を続け、買収した子会社を通じた治験プロジェクトなどエビデンスソリューション事業にも参入。図10以前の2015年3月期は40%増収16%増益（税引前利益）、2016年3月期は26%増収23%増益と高成長を遂げました。

2017年～2019年は、成長の踊り場となったため、株価が1300～2300円で停滞しました（**図11**）。しかし、伸び率は鈍化したものの、業績自体が落ち込んでいるわけではありませんでした。

その後、2020年のコロナ禍がオンラインで医療系事業を手がける同社にとって追い風となり、株価は2020年～2021年に急上昇

図11　エムスリーの過去5年（2016年7月～2021年8月）の株価の推移

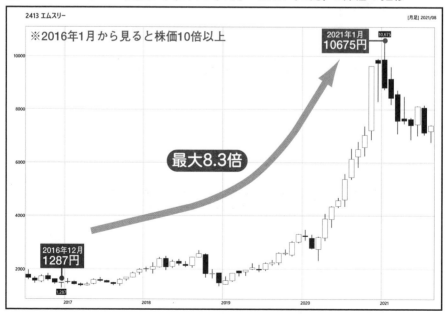

しました。

　エムスリーの魅力はなんと言っても、2021年3月期で売上の25%を占める海外事業です。**日本国内だけでは市場規模に限界**がありますが、海外市場を開拓することで大きな飛躍が期待されます。

　このあたりは親会社がグローバル企業であるソニー系の強みでもあります。海外展開はリスクも大きく失敗例もたくさんありますが、成功した場合のリターンは極めて大きく、株価にも大きな影響を与えます。

IRジャパンホールディングスの成長ストーリーを振り返る

　次ページの**図12**は、IRジャパンホールディングスの過去5年間の決算短信です。

　同社は、上場企業の投資家向けIR活動や、M&A・TOB対策を指南するコンサルタント会社です。売上・経常利益ともに順調に成長を続けており、2017年3月期から2021年3月期までの4年間で、売上は38.4億円から82.8億円まで約2.2倍。経常利益は10.1億円から40.7億円まで約4倍に増えています。

　コンサルタント業という特徴から利益率が高い点も注目で、2021年3月期の対売上経常利益率は約49%に達しています。

　過去5年間の業績の伸びの中では、2020年3月期の売上が前期比59.1%増、経常利益が149.5%増と、2.5倍に増えているのが目立ちます。

　その期の概況欄を読むと、この企業の中核的な事業が「アクティビスト」と呼ばれるファンドや他社からの敵対的買収、M&Aに対抗するためのコンサルティング業務であることが分かります。

　同社は委任状争奪戦業務や敵対的TOB対応で「唯一無二の完全独立系のエクイティ・コンサルティング会社」を自認しています。上場企業の買収合戦、株主総会の多数派工作といったニッチな金融

図12　IRジャパンホールディングスの過去5年の決算短信で見る売上・利益の推移

2017年3月期　売上10.6%増　経常利益29.4%増

1. 平成29年3月期の連結業績（平成28年4月1日〜平成29年3月31日）
(1) 連結経営成績　（%表示は対前期増減率）

	売上高		営業利益		経常利益		親会社株主に帰属する当期純利益	
	百万円	%	百万円	%	百万円	%	百万円	%
29年3月期	3,836	10.6	1,009	29.4	1,008	29.4	694	56.1
28年3月期	3,469	8.1	780	42.0	779	41.4	445	21.8

2018年3月期　売上7.7%増　経常利益14.7%増

1. 平成30年3月期の連結業績（平成29年4月1日〜平成30年3月31日）
(1) 連結経営成績　（%表示は対前期増減率）

	売上高		営業利益		経常利益		親会社株主に帰属する当期純利益	
	百万円	%	百万円	%	百万円	%	百万円	%
30年3月期	4,133	7.7	1,156	14.5	1,157	14.7	821	18.2
29年3月期	3,836	10.6	1,009	29.4	1,008	29.4	694	56.1

2019年3月期　売上16.8%増　経常利益25.1%増

1. 2019年3月期の連結業績（2018年4月1日〜2019年3月31日）
(1) 連結経営成績　（%表示は対前期増減率）

	売上高		営業利益		経常利益		親会社株主に帰属する当期純利益	
	百万円	%	百万円	%	百万円	%	百万円	%
2019年3月期	4,827	16.8	1,434	24.0	1,447	25.1	976	18.9
2018年3月期	4,133	7.7	1,156	14.5	1,157	14.7	821	18.2

2020年3月期　売上59.1%増　経常利益149.5%増

1. 2020年3月期の連結業績（2019年4月1日〜2020年3月31日）
(1) 連結経営成績　（%表示は対前期増減率）

	売上高		営業利益		経常利益		親会社株主に帰属する当期純利益	
	百万円	%	百万円	%	百万円	%	百万円	%
2020年3月期	7,682	59.1	3,626	152.8	3,611	149.5	2,445	150.3
2019年3月期	4,827	16.8	1,434	24.0	1,447	25.1	976	18.9

2021年3月期　売上7.8%増　経常利益12.7%増

1. 2021年3月期の連結業績（2020年4月1日〜2021年3月31日）
(1) 連結経営成績　（%表示は対前期増減率）

	売上高		営業利益		経常利益		親会社株主に帰属する当期純利益	
	百万円	%	百万円	%	百万円	%	百万円	%
2021年3月期	8,284	7.8	4,080	12.5	4,070	12.7	2,802	14.6
2020年3月期	7,682	59.1	3,626	152.8	3,611	149.5	2,445	150.3

市場で、独占的な地位を占めていることが「売上の半分が利益」という高い収益率につながっています。

　企業買収と言うと「経済ニュースなどで見かけるようになった」と感じる人もいると思います。このような**時代のニーズを汲み取って急成長を遂げる彗星のような成長株**が出現することがありますが、同社はその一例と言えるでしょう。

　直近の2021年3月期は売上7.8%増、経常利益12.7%増と、前期の伸びが大きかった分、売上・経常利益ともに伸び率が落ち、株価（**図13**）も高値圏でもみ合っています。コンサルタント業は、設備投資にお金がかからないという特徴がありますが、人材に依存する**労働集約型のビジネスモデル**でもあり、この点が急成長のボトルネックになるケースも見られます。

　ただ、最近のニュースなどを見ても、東芝（6502）の2021年6月開催の株主総会で取締役会議長の再任が否決されるなど、上場リ

図13　IRジャパンホールディングスの過去5年（2016年7月〜2021年8月）の株価

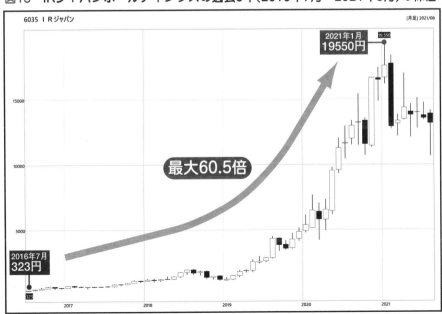

スクに対する企業ニーズはまだ高そうです。

このように、上場企業を取り巻く経済ニュースをある程度分かっていないと、企業間買収というニッチ市場で高収益を上げる IR ジャパンの「どこがすごいのか?」「まだ成長できるか?」は分かりません。「分からない」から投資しないのも選択肢ですし、**「興味があるから、もっと調べてみよう」**というのも選択肢になります。

決算書を読むことは**自分に合った成長株を探し、投資家としての幅を広げて得意分野を育む**という意味でも重要なプロセスです。

ラクスの成長ストーリーを振り返る

テンバガー株が頻出する IT 業界も見ておきましょう。

図14は、クラウド型経理ソフト「楽楽精算」が主力のラクスの業績推移です。

2015 年 12 月に初値 221 円※で新規上場したラクスは、2021 年 3 月期末の株価が 2134 円と、5 年間で約 9.7 倍になりました。

同社は中小企業経理部門の DX（デジタルトランスフォーメーション）やアウトソーシング化に貢献しているテーマ性でも注目されている銘柄です。

「テーマ」とは、AI（人工知能）や自動運転といった**新技術**や、コロナ禍による巣籠もり需要や DX といった**社会的・経済的な変化**、働き方改革や再生エネルギー、SDGs（持続可能な開発目標）といった**国策や世界的な政策トレンド**などのことです。

こういったテーマに関連した銘柄は、ニーズが追い風となって好業績が中長期的に持続しやすく、結果として株価も上昇しやすくなります。

成長株候補を探す際には、「その企業の強みや背景となっているテーマは何か?」という視点も大切になります。そして、一時的に

図14　ラクスの過去5年の決算短信で見る売上・利益の推移

2017年3月期　売上21.0%増　経常利益25.3%増

１．平成29年3月期の連結業績（平成28年4月1日〜平成29年3月31日）
（1）連結経営成績　　　　　　　　　　　　　　　　　　　　　　　（%表示は対前期増減率）

	売上高		営業利益		経常利益		親会社株主に帰属する当期純利益	
	百万円	%	百万円	%	百万円	%	百万円	%
29年3月期	4,932	21.0	975	24.3	972	25.3	731	39.0
28年3月期	4,077	19.4	784	76.3	776	73.4	526	39.0

2018年3月期　売上29.9%増　経常利益28.3%増

１．平成30年3月期の連結業績（平成29年4月1日〜平成30年3月31日）
（1）連結経営成績　　　　　　　　　　　　　　　　　　　　　　　（%表示は対前期増減率）

	売上高		営業利益		経常利益		親会社株主に帰属する当期純利益	
	百万円	%	百万円	%	百万円	%	百万円	%
30年3月期	6,408	29.9	1,241	27.2	1,247	28.3	874	19.6
29年3月期	4,932	21.0	975	24.3	972	25.3	731	39.0

2019年3月期　売上36.4%増　経常利益18.2%増

１．2019年3月期の連結業績（2018年4月1日〜2019年3月31日）
（1）連結経営成績　　　　　　　　　　　　　　　　　　　　　　　（%表示は対前期増減率）

	売上高		営業利益		経常利益		親会社株主に帰属する当期純利益	
	百万円	%	百万円	%	百万円	%	百万円	%
2019年3月期	8,743	36.4	1,468	18.3	1,474	18.2	1,018	16.4
2018年3月期	6,408	29.9	1,241	27.2	1,247	28.3	874	19.6

2020年3月期　売上32.8%増　経常利益20.1%減

１．2020年3月期の連結業績（2019年4月1日〜2020年3月31日）
（1）連結経営成績　　　　　　　　　　　　　　　　　　　　　　　（%表示は対前期増減率）

	売上高		営業利益		経常利益		親会社株主に帰属する当期純利益	
	百万円	%	百万円	%	百万円	%	百万円	%
2020年3月期	11,608	32.8	1,174	△20.0	1,177	△20.1	799	△21.5
2019年3月期	8,743	36.4	1,468	18.3	1,474	18.2	1,018	16.4

2021年3月期　売上32.6%増　経常利益229.7%増

１．2021年3月期の連結業績（2020年4月1日〜2021年3月31日）
（1）連結経営成績　　　　　　　　　　　　　　　　　　　　　　　（%表示は対前期増減率）

	売上高		営業利益		経常利益		親会社株主に帰属する当期純利益	
	百万円	%	百万円	%	百万円	%	百万円	%
2021年3月期	15,387	32.6	3,898	232.0	3,881	229.7	2,936	267.3
2020年3月期	11,608	32.8	1,174	△20.0	1,177	△20.1	799	△21.5

人気化しているテーマか、**持続的な成長と利益を生むテーマか**を考えてみましょう。

ラクスの決算書を見ると、年率30％台前後の売上成長が4年にわたって続いています。

売上や利益成長の主軸は「楽楽精算」ですが、その売上やセグメント利益が前期比30〜40％台で伸びていることからも、この経費精算システムが世の中のニーズを捉えていることが分かります。もう一つの事業分野であるIT人材派遣事業も順調に10〜20％台で成長しています。

しかし、2020年3月期には、経常利益が前期比約20％の減益になりました。この期の決算短信の概況欄で触れられていますが、これはIT人材事業のエンジニアやクラウドサービスの営業人員を中心に採用を強化し、人員の増強を行ったことに加え、マーケティングの強化に取り組むなど、積極的な成長投資を実施したことによるものです。

この期を含めて2018年3月期から2021年3月期まで同社は「年平均成長率30％」を目標にしており、その達成のために投資が必要だということが概況欄に「熱く」語られています。

急成長する新興企業の場合、人材採用や設備投資での一時的な利益の落ち込み（「**グリッチ**〈glitch ＝ 計画の狂い〉」と呼ばれます）は長期的に見ると、むしろ好材料になることもあります。

なぜなら、投資によってビジネスの規模が拡大することで、その後、さらに売上が伸び、利益も急回復することが期待できるからです。

それを証明したのが、次の2021年3月期決算です。売上は前年比32.6％増、経常利益に関しては前期の減益を補って余りある229.7％増というサプライズになりました。株価（図15）も1年間で3倍弱上昇し、5年間で株価約36倍増を達成しています。

「一時的なグリッチ」か「成長倒れ」かの予測は難しいものですが、

図15　ラクスの過去5年（2016年7月〜2021年8月）の株価の推移

難しいからこそ**投資家の判断が割れてチャンスになる**わけですね。
「Tough times bring opportunity（ピンチはチャンス）」と覚えてお
きましょう。

ジャパンエレベーターの成長ストーリーを振り返る

　ニッチで地味な分野で新サービスを導入し、地道に売上・利益を
伸ばしてテンバガーを達成している企業もあります。
　その一つが、ジャパンエレベーターサービスホールディングスと
いう、エレベーターのメンテナンスを、メーカーに代わって行う製
造サービスのアウトソーシングと言える会社です。
　同社決算短信の売上・利益の推移は次ページの**図16**に示した通
り。これまで見たテンバガー株と比べると、売上の成長率は10％
台とそれほどでもなく控え目ですが、株価は着実に上昇しています。

図16　ジャパンエレベーターの過去5年の決算短信で見る売上・利益の推移

2017年3月期　売上13.9%増　経常利益24.6%減

1．平成 29 年 3 月期の連結業績（平成 28 年 4 月 1 日〜平成 29 年 3 月 31 日）
（1）連結経営成績　　　　　　　　　　　　　　　　　　　　　　　（％表示は対前期増減率）

	売 上 高		営業利益		経常利益		親会社株主に帰属する 当期純利益	
	百万円	％	百万円	％	百万円	％	百万円	％
29 年 3 月期	13,544	13.9	611	△16.2	527	△24.6	271	△32.5
28 年 3 月期	11,891	13.3	729	24.0	699	22.2	402	27.1

2018年3月期　売上13.2%増　経常利益154.0%増

1．平成30年 3 月期の連結業績（平成29年 4 月 1 日〜平成30年 3 月31日）
（1）連結経営成績　　　　　　　　　　　　　　　　　　　　　　　（％表示は対前期増減率）

	売上高		営業利益		経常利益		親会社株主に帰属する 当期純利益	
	百万円	％	百万円	％	百万円	％	百万円	％
30年 3 月期	15,326	13.2	1,351	121.2	1,339	154.0	848	211.8
29年 3 月期	13,544	13.9	611	△16.2	527	△24.6	271	△32.5

2019年3月期　売上16.8%増　経常利益49.4%増

1．2019年 3 月期の連結業績（2018年 4 月 1 日〜2019年 3 月31日）
（1）連結経営成績　　　　　　　　　　　　　　　　　　　　　　　（％表示は対前期増減率）

	売上高		営業利益		経常利益		親会社株主に帰属する 当期純利益	
	百万円	％	百万円	％	百万円	％	百万円	％
2019年 3 月期	17,900	16.8	2,034	50.5	2,001	49.4	1,265	49.2
2018年 3 月期	15,326	13.2	1,351	121.2	1,339	154.0	848	211.8

2020年3月期　売上19.2%増　経常利益35.1%増

1．2020年 3 月期の連結業績（2019年 4 月 1 日〜2020年 3 月31日）
（1）連結経営成績　　　　　　　　　　　　　　　　　　　　　　　（％表示は対前期増減率）

	売上高		営業利益		経常利益		親会社株主に帰属する 当期純利益	
	百万円	％	百万円	％	百万円	％	百万円	％
2020年 3 月期	21,339	19.2	2,717	33.6	2,703	35.1	1,700	34.4
2019年 3 月期	17,900	16.8	2,034	50.5	2,001	49.4	1,265	49.2

2021年3月期　売上14.9%増　経常利益37.4%増

1．2021年 3 月期の連結業績（2020年 4 月 1 日〜2021年 3 月31日）
（1）連結経営成績　　　　　　　　　　　　　　　　　　　　　　　（％表示は対前期増減率）

	売上高		営業利益		経常利益		親会社株主に帰属する 当期純利益	
	百万円	％	百万円	％	百万円	％	百万円	％
2021年 3 月期	24,521	14.9	3,612	32.9	3,715	37.4	2,362	38.9
2020年 3 月期	21,339	19.2	2,717	33.6	2,703	35.1	1,700	34.4

　同社の場合、従来から行っていた保守管理だけでなく、老朽化したエレベーターのリニューアル事業を立ち上げたことで注目を集めたようです。

　過去5年決算のポイントは、売上の伸びを大きく上回る経常増益率です。売上の伸びは一度も20％まで達していないのですが、経常利益は2017年3月期には24.6％の減益から、翌2018年3月期は154.0％の大幅な増益。その後も30％台から40％台の高い増益率が続いています。

　実際、自社ビルを持つ企業のエレベーター保守管理アウトソーシングのニーズは高そうですし、老朽化したマンションの増加でエレベーターリニューアルも増えそうです。

　エレベーター保守という限定された市場ながら、こうした潜在需要を開拓し、売上・利益成長を続けてきた実績が4年で株価約27倍の原動力となっているのでしょう（図17）。

図17　ジャパンエレベーターの過去4年（2017年3月〜2021年8月）の株価の推移

このようなニッチ分野の勝ち組企業は、**「オンリーワン企業」**とも呼ばれ、テンバガー株によくあるパターンです。特徴は**明確な競合相手がいない**こと。その結果、長期間にわたり安定成長が続く傾向が見られます。成長株候補の事例として参考にしてください。

ペッパーフードサービスの成長倒れから学ぶ

外食で躍進したものの、店舗を増やしすぎ、海外進出にも失敗して成長倒れになってしまったのがペッパーフードサービスです。

図18は2016年12月期から2020年12月期の過去5年間の決算を振り返ったものですが、同社は2017年〜2018年にかけて、売上60〜70％増を達成。2017年12月期の経常利益は前期の約2.4倍になっています。

この時期に業績躍進の原動力となったのが、旧来からあった「ペッパーランチ」事業に加え、2013年12月にスタートした新業態「いきなり！ステーキ」です。

2017年12月期の概況欄には、「ペッパーランチ」の既存店売上が62ヵ月連続で前年同期比100％以上を記録し、「いきなり！ステーキ」の店舗数が72店舗も増えて188店舗となり、2017年2月には米国に初進出したことが書かれています。

しかし、業績拡大は続かず、2019年12月期には、店舗数493に達した「いきなり！ステーキ」が「店舗同士の競合などによる既存店不振の影響により」急減速、店舗リストラも敢行したことで経常利益が3400万円の赤字に転落しました。

2020年はコロナ禍でさらに不振が続き、2020年6月には「いきなり！ステーキ」よりも業績面では健闘していた「ペッパーランチ」事業の売却を決めるなど、経営も混乱。2020年12月期は売上半減、39億円以上の経常赤字に陥りました。

図18　ペッパーフードサービスの過去5年の決算短信で見る売上・利益の推移

2016年12月期

１．平成28年12月期の連結業績（平成28年1月1日～平成28年12月31日）
（1）連結経営成績

（％表示は対前期増減率）

	売　上　高		営業利益		経常利益		親会社株主に帰属する当期純利益	
	百万円	％	百万円	％	百万円	％	百万円	％
28年12月期	22,333	—	958	—	973	—	572	—
27年12月期	—	—	—	—	—	—	—	—

2017年12月期　　売上62.2%増　経常利益138.7%増

１．平成29年12月期の連結業績（平成29年1月1日～平成29年12月31日）
（1）連結経営成績

（％表示は対前期増減率）

	売　上　高		営業利益		経常利益		親会社株主に帰属する当期純利益	
	百万円	％	百万円	％	百万円	％	百万円	％
29年12月期	36,229	62.2	2,298	139.8	2,322	138.7	1,332	132.6
28年12月期	22,333	—	958	—	973	—	572	—

2018年12月期　　売上75.3%増　経常利益66.9%増

１．2018年12月期の連結業績（2018年1月1日～2018年12月31日）
（1）連結経営成績

（％表示は対前期増減率）

	売　上　高		営業利益		経常利益		親会社株主に帰属する当期純利益	
	百万円	％	百万円	％	百万円	％	百万円	％
2018年12月期	63,509	75.3	3,863	68.1	3,876	66.9	△121	—
2017年12月期	36,229	62.2	2,298	139.8	2,322	138.7	1,332	132.6

2019年12月期　　売上6.3%増　経常赤字転落

１．2019年12月期の連結業績（2019年1月1日～2019年12月31日）
（1）連結経営成績

（％表示は対前期増減率）

	売　上　高		営業利益		経常利益		親会社株主に帰属する当期純利益	
	百万円	％	百万円	％	百万円	％	百万円	％
2019年12月期	67,513	6.3	△71	—	△34	—	△2,707	—
2018年12月期	63,509	75.3	3,863	68.1	3,876	66.9	△121	—

2020年12月期　　売上53.5%減　経常赤字拡大

１．2020年12月期の業績（2020年1月1日～2020年12月31日）
（1）経営成績

（％表示は対前期増減率）

	売　上　高		営業利益		経常利益		当期純利益	
	百万円	％	百万円	％	百万円	％	百万円	％
2020年12月期	31,085	△53.5	△4,025	—	△3,904	—	△3,955	—
2019年12月期	66,879	6.8	213	△95.5	245	△94.9	△2,663	—

2020年3月に開示された2019年12月期の有価証券報告書には**「継続企業の前提に重大な疑義」**を生じさせるような状況が存在していることを表明しています。

　そんなペッパーフードサービスの栄枯盛衰を示す株価は**図19**のようになっています。

　勢いに乗って店舗を急激に拡大させたものの、消費者に飽きられ、海外進出にも失敗して、経営が傾くまでのプロセスが、過去5年の決算をさかのぼるとよく分かります。

　ちなみに決算短信に「継続企業の前提に疑義」「継続企業の前提に重要事象等」といった注記がある会社は、財務が悪化し赤字が連続するなど破たんリスクが高い企業です。

　こうした注記がついてしまった企業は投資候補ではありません。無理して急成長した企業にはこのような経営暗転リスクがあるので注意してください（ただし、注記が外れるときは好機の場合あり）。

図19　ペッパーフードサービスの過去5年（2016年7月〜2021年8月）の株価

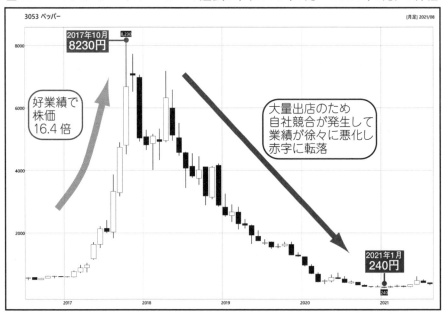

　また、ペッパーフードサービスの失敗事例で特筆すべきは、毎月中旬に同社ホームページで発表される**「月次情報」**をウォッチしていれば成長倒れを予測できたと思われる点です。

　大量の新規出店を続けたにもかかわらず、既存店売上のマイナスが拡大し、株価も連動するように下落しました。このように月次で売上などの経営情報を公開している企業の場合、その情報は決算書に準じる重要度を持ちますのでチェックするようにしましょう。

　ちなみに、はっしゃんが監修する Web サイト**「月次 Web」**で上場企業 272 社の月次情報を毎日更新していますので、ブックマークして活用してください。

小売・
サービス系企業
の月次売上を
見るなら

「月次 Web」

http://kabuka.biz/getuji/

ホープの成長倒れから学ぶ

　2018 年末から 2020 年 12 月までの約 2 年間で株価が約 36 倍に上昇したのがホープです。地方自治体向けの情報雑誌「ジチタイワークス」の発行や広告事業を手がける会社でしたが、自治体向け電力販売が成長エンジンになって業績が急伸、株価も急上昇しました。

　次ページの**図 20** は 2017 年 6 月期から直近の 2021 年 6 月期までの決算短信 1 ページ目冒頭の売上・利益を切り取ったものです。2020 年 6 月期には売上が前期比 273.0％増（つまり約 3.7 倍）、経常利益 10.1 億円と大幅黒字になりましたが、これは自治体向け電力販売の躍進によるものでした。

　しかし、2020 年 12 月から 2021 年 1 月にかけ、全国的な厳冬で

図20　ホープの過去5年の決算短信で見る売上・利益の推移

2017年6月期　売上11.5%増　経常利益76.4減

1. 平成29年6月期の業績（平成28年7月1日〜平成29年6月30日）

(1) 経営成績　　　　　　　　　　　　　　　　　　　　　　　（%表示は対前期増減率）

	売上高		営業利益		経常利益		当期純利益	
	百万円	%	百万円	%	百万円	%	百万円	%
29年6月期	1,774	11.5	23	△83.5	34	△76.4	17	△80.6
28年6月期	1,592	39.4	145	159.1	146	105.9	92	94.1

2018年6月期　売上27.9%増　経常赤字転落

1. 平成30年6月期の業績（平成29年7月1日〜平成30年6月30日）

(1) 経営成績　　　　　　　　　　　　　　　　　　　　　　　（%表示は対前期増減率）

	売上高		営業利益		経常利益		当期純利益	
	百万円	%	百万円	%	百万円	%	百万円	%
30年6月期	2,269	27.9	△121	—	△114	—	△128	—
29年6月期	1,774	11.5	23	△83.5	34	△76.4	17	△80.6

2019年6月期　売上70.2%増　経常黒字転換

1. 2019年6月期の業績（2018年7月1日〜2019年6月30日）

(1) 経営成績　　　　　　　　　　　　　　　　　　　　　　　（%表示は対前期増減率）

	売上高		営業利益		経常利益		当期純利益	
	百万円	%	百万円	%	百万円	%	百万円	%
2019年6月期	3,862	70.2	87	—	95	—	75	—
2018年6月期	2,269	27.9	△121	—	△114	—	△128	—

2020年6月期　売上273.0%増　経常利益961.9%増

1. 2020年6月期の業績（2019年7月1日〜2020年6月30日）

(1) 経営成績　　　　　　　　　　　　　　　　　　　　　　　（%表示は対前期増減率）

	売上高		営業利益		経常利益		当期純利益	
	百万円	%	百万円	%	百万円	%	百万円	%
2020年6月期	14,407	273.0	1,020	—	1,012	961.9	665	779.9
2019年6月期	3,862	70.2	87	—	95	—	75	—

2021年6月期　売上2.4倍増も経常赤字69.4億円に

※連結決算移行のため決算短信には前期との比較なし

1. 2021年6月期の連結業績（2020年7月1日〜2021年6月30日）

(1) 連結経営成績　　　　　　　　　　　　　　　　　　　　　（%表示は対前期増減率）

	売上高		営業利益		経常利益		親会社株主に帰属する当期純利益	
	百万円	%	百万円	%	百万円	%	百万円	%
2021年6月期	34,617	—	△6,897	—	△6,937	—	△6,963	—
2020年6月期	—	—	—	—	—	—	—	—

電力需要が逼迫し、発電設備を持たない同社が電力を調達していた日本卸電力取引所（JEPX）で電力価格が急騰。同社は約65億円の追加負担を迫られました。

　2021年6月期の期末第3四半期決算では、約73億円の経常赤字を記録、決算短信の貸借対照表（BS）の純資産の部はマイナス45.1億円、自己資本比率もマイナス61.7％と、大幅な**債務超過**に陥りました。

「債務超過」とは、借金が企業の持つ純資産を超えてしまい、資産をすべて売却しても借金を返せないという倒産が危ぶまれる状況です（貸借対照表〈BS〉は第3章で詳しく解説します）。

　もはや「成長倒れ」レベルを超えて、企業自体がいきなり存亡の危機に立たされることとなったわけです。債務超過転落を受け、急上昇してきたホープの株価は暴落しました（図21）。

　株式投資に絶対はありません。このような事態での損失を回避す

図21　ホープの過去5年（2016年7月〜2021年8月）の株価の推移

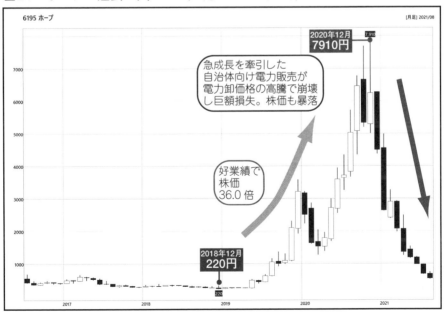

るには、定期的な業績チェックと、想定外の出来事が発生した場合に影響範囲を予測・分析しておくこと、保有株の損切りルールをしっかり決めておくことです。

5年前から時系列の伸びを3分で見る

　ここまでテンバガー株を事例に決算書のポイントを絞り、5年前までさかのぼって時系列で分析してきました。この方法は、そのまま成長株を探すときにも使えます。

　決算短信5年分を開いて先頭ページ上の増収増益をチェックするだけですので、慣れてくれば3分もあれば十分でしょう。

3分でできる成長株の探し方
●5年前から決算短信1ページ目先頭の売上・経常利益の伸びを読む
※読むのは、本決算だけでかまいません。最新年度の本決算がない場合は、直近の四半期決算の会社の通期予想で判断します。
成長株候補の条件
●売上が5年連続で増収になっていること
●経常利益が5年連続で増益になっていること
※1年程度の減益であれば、翌年に前年と前々年を上回れば可。
新型コロナショックなどの特殊要因を考慮した妥協条件
●V字回復タイプは最新の売上、経常利益ともに過去最高を更新すれば可
※ただし、この条件を許容するとダマシが多くなります。

　この方法だけでもテンバガー候補の発掘は十分可能ですが、第2章以降で紹介する方法で詳しく決算書を分析すると有望株をさらに絞り込むことができます。

まとめ：
過去5年決算から成長ストーリーを体験する方法

　第1章ではテンバガーを達成したスター成長株の成長ストーリーを疑似体験しつつ、成長株候補を3分で探す方法を紹介しました。

●**決算書1ページ目先頭の売上・経常利益を見る**

●**5年前から時系列の伸びを3分で見る**

●**株価と業績の連動性を5秒でチェック**（第2章で紹介）

　このうち前2つを本章で説明しました。3つ目は第2章で述べますが、要するに、右肩上がりの株価チャートを選ぶということです。

　第2章では、成長株投資の視点から決算書1ページ目を読む方法と、決算書に関連するその他の情報について「決算書速読10ヵ条」で説明します。

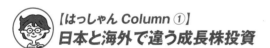

【はっしゃん Column ①】
日本と海外で違う成長株投資

　日本は少子高齢化の影響もあって、30年近く低成長やデフレ（物価下落）が続き、国全体で見た場合、経済も株価も「右肩上がり」とは言えません。

　日経平均株価は今から32年前の1989年の年末につけた3万8915円の史上最高値（バブル高値でありますが）をいまだ超えることができず、長期低迷が続いています。

　一方、海外を見ると、新興国の株価は右肩上がりで上昇。先進国アメリカでも1990年から31年間で代表的な株価指数S&P500が約12倍まで上昇しています。

　アップル（AAPL ※）やマイクロソフト（MSFT）、Googleの親会

社アルファベット（GOOG）、アマゾン・ドット・コム（AMZN）、フェイスブック（FB）といった米国の巨大IT企業（5社の頭文字を取ってGAFAMと呼ばれます）らが上場するナスダック100指数は、31年前から実に64倍近い上昇を遂げています。

　世界的に見れば、高成長を続ける企業の株を買い、長期的な株価上昇に乗る成長株投資こそが、株式投資の王道と言えるのです。

　例えば、**図22**は日本でも知らない人はほとんどいないネット通販の巨人・アマゾン・ドット・コムのここ5年間の業績の推移です。

　同社の「売上（Net Sales）」は2016年12月期には1359.9億ドルでしたが、毎年20％から30％前後という高成長で拡大を続け、2020年12月期には3860.6億ドルまで約2.8倍に達しました。

　税引前利益（Income Before Tax＝日本基準決算における「経常利益」に相当）は5年間で38.9億ドルから241.9億ドルへと6.2倍化。

　日本企業からすれば驚異的な成長スピードで、アマゾン・ドット・コムの株価は2016年1月初めの650ドル台から2020年12月末の3250ドル台まで約5倍に上昇しました。その時価総額は、170兆円を超え世界第4位です。

「成長が続く企業に投資して、その成長を見守っているだけで株価は上がる。成長株への長期投資こそ、投資家が最も効率的に資産を築く王道」という成長株投資は、米国株をはじめ海外の主流に通ずる投資法です。

日本にも成長株はある！

　日本の場合、経済規模を示す国内総生産（GDP）こそ世界第3位ですが、国全体が低成長にあるため、アマゾン・ドット・コムほど

※　米国株の取引にはアルファベット4文字以下のティッカーコードが使われます。

図22　アマゾン・ドット・コムの過去5年の売上・利益の推移

単位 百万ドル

決算期	売上高	（前期比）	税引前利益	（前期比）
2016年 12月期	135,987	27.1％増	3,892	148.2％増
2017年 12月期	177,866	30.8％増	3,806	2.2％減
2018年 12月期	232,887	30.9％増	11,261	195.9％増
2019年 12月期	280,522	20.5％増	13,976	24.1％増
2020年 12月期	386,064	37.6％増	24,178	73.0％増

の急成長を遂げている巨大企業はありません。

　会社の規模を示す**「時価総額」**（「発行済株式数」×「株価」で計算した会社の値段）で世界ベスト10を見た場合、今から30年前のバブル期には過半数を日本企業が占めていたものの、最近は1社も入っていないのが現状です。

　しかし、そんな低成長の国・日本でも、中堅以下の企業に目を向けてみると世界的な技術革新の波に乗ったり、世の中の変化やニーズを的確に捉え急成長を続けてきた企業がたくさんあります。

　「ユニクロ」ブランドの「ファーストリテイリング」、「ソフトバンクグループ（9984）」「キーエンス（6861）」「エムスリー」「レーザーテック」など、30年前には聞いたこともなかったような新しい企業が、今では日本を代表し世界にも進出するグローバル企業へと成長しています。

　2020年、新型コロナショックが発生すると、世界中の株価が大

暴落しましたが、その後、金融緩和の流れを受けて急回復。2021年9月には、東証株価指数TOPIXと日経平均株価がともに31年ぶり高値に回復しました。そして、新型コロナショック以降、日本を含む多くの国で「ニューノーマル」とも呼ばれる新しいタイプの成長企業が躍進しました。

　その中には、第2のアマゾン・ドット・コムになる企業が含まれているかもしれません。新しい日本の成長株に期待したいものです。

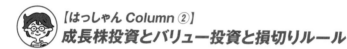

【はっしゃん Column ②】
成長株投資とバリュー投資と損切りルール

　成長株投資では、株価が将来の成長まで織り込んで上昇しているため「損切り」が必要不可欠になります。しかし、投資家の中には「損切りは必要ない」という考えの方もいます。

　その一つがバリュー投資スタイルの投資家です。

　初心者の方は「損切りが必要だ」と言う投資家と「損切りは必要ない」と言う投資家がいると混乱するかもしれません。

　どういうことかと言うと、**投資スタイルによって「損切りの重要性が違う」**のです。

　成長株投資は「グロース（growth＝成長）投資」とも呼ばれ、業績も株価も一貫して右肩上がりの銘柄が投資対象になります。

　一方、業績や財務内容に比べて割安な企業を買うバリュー投資では、基本的に「ミスプライスを探して割安に買う」手法で投資します。

　株式市場は投資家がそれぞれの価値観で「企業価値」を人気投票する場所なので、本来の価値を下回る水準まで株価が下落する「ミスプライス」も起こります。

　特に人口減少社会である日本の斜陽企業でこの傾向が強く、本来の企業価値より安く買えていれば、含み損が出ても「損切りは必要

ない」という考えも成り立ちます。

　ただし、厳密には決算発表で資産価値の前提が崩れたり、株式市場が恐慌クラスの暴落に陥るなど、緊急事態に見舞われたときには、バリュー投資であっても損切りは必要です。

　一方の成長株投資は、将来の成長価値に期待し、割高であっても買う投資方法ですので、**図23**にも示したように、成長が止まって**「成長倒れ」になるリスクと、その場合の撤退戦略**をあらかじめ想定しておく必要があります。

成長株投資とギャンブルトレード

　成長株投資には、投資先が成長倒れになってしまうと、最悪、資産価値が数分の１、場合によってはゼロになるリスクまであります。このような事態を避けるために損切りが必要不可欠となるわけです。

図23　バリュー投資と成長株投資の違い

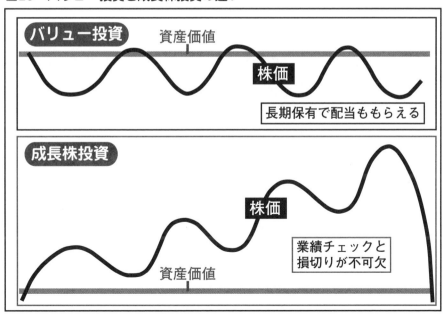

撤退の戦略、すなわち「損切り」を想定していない成長株への投資は、成長株投資と呼べるものではなく、ただのギャンブルトレードです。

　はっしゃんは、決算が想定外となって成長のシナリオが崩れたり、（決算がよかった場合でも）株価が下落して**含み損が1円でも発生すれば機械的に損切り**しています。

●**はっしゃん式1円損切りルール：**

購入日の翌日以降の終値が買値より1円でも安くなったら機械的に売却

　悪材料が出て企業が存続の危機に陥ったとしても、ガチホ（売らずに耐えること）する人も見かけますが、それは「損切りしたくないので、都合のよい希望的観測に支配されている」だけではないでしょうか。

　株価が右肩上がりを前提とする成長株投資では、「含み損」という概念自体がありません。**「含み損＝単なるエントリーミス」**になるからで、ミスを許容するとエントリースキルも向上しません。

　ミスの原因には決算結果の他にも需給や外的要因など運の要素も考えられますが、いったんリセットしてエントリーからやり直すのが成長株投資の基本です。

　株式投資は、**100%の勝ちも100%の負けもない「確率戦」**になります。その中で、70～80%勝てる手札を探して集めることで、一時的に負けることがあっても、回数をこなすことでトータルで勝つのが「確率戦」ですね。

　一方、負けるとゼロになる手札を集めるのが「ギャンブルトレード」です。例えば、経営危機に陥った銘柄を損切りせず保有していると、ゼロになってしまう可能性があります。ギャンブルトレードを続ければ続けるほど、すべてを失う確率は上がっていきます。

　成長株投資に損切りは必須。このルールだけは守るようにしてください。

第2章

ビギナーでもできる
「決算書速読」10ヵ条
~決算短信1ページ目からの成長株選び~

決算短信のチェックポイント10ヵ条

　第1章では決算短信を時系列で見ることで、成長企業の業績変化を疑似体験しました。業績変化の重要なトリガーとなる決算短信は年4回、四半期（3ヵ月）ごとに発表されます。

　第2章では成長株投資ならではの決算短信の見方を「決算書速読10ヵ条」として解説していきます。

決算書速読 10ヵ条

第1条　　売上と利益は増えたか

第2条　　純資産は増えたか

第3条　　自己資本比率は適正か

第4条　　今期予想はどうか

第5条　　進捗率と四半期特性はどうか

第6条　　四季報予想と比べてどうか

第7条　　市場コンセンサスと比べてどうか

第8条　　決算状況、差異事由などを確認

第9条　　3年後の企業価値を予測する

第10条　　株価はどのように動いたか

第1条　売上と利益は増えたか

　全10ヵ条のうち、最も注目すべきは第1条です。第1章において時系列で見てきたポイントと同様ですが、最初に**売上と利益の伸び**で成長株候補かどうか判断します。

　成長株もしくは成長株候補である場合は、残り項目を確認していき成長株としてふさわしいか精査していきます。

　次ページの**図24**は、第1章でも取り上げたレーザーテック（6920）が2021年4月30日に発表した2021年6月期第3四半期の決算短信です。

　図の中に先ほどの第1条〜第5条の項目がどこに示されているかを示しました。

　レーザーテックの決算短信の場合、第4条や第5条の進捗率の計算に使う会社予想は2ページ目にはみ出しています。

　第1章でも見たように、決算短信の冒頭に「連結経営成績（累計）」という見出しで示されているのが、レーザーテックの2021年6月期の第3四半期までの累計の売上と利益になります。

　成長株にとって最も重要なポイントは売上と利益になりますが、その中でも売上と利益の「伸び」、利益は営業利益や純利益ではなく、**経常利益（IFRSや米国基準では税引前利益）の伸び**を確認します。

　経常利益には、その年だけ発生した特別利益や特別損失が含まれていません。あくまで、その会社の通常の企業活動で得られる利益であるため、評価に最適というのがその理由です。

　売上と経常利益の組み合わせ評価のポイントを次ページの**図25**に示しました。

　売上と利益の伸びは一致しないことがあります。成長株は特に売上の伸びが重要になりますが、企業価値は（赤字企業など一部の例外を除いて）利益ベースで計算されるため、売上は先行指標のような位置づけになります。

「成長初期に見られるパターン　売上：増加　経常利益：減少、赤字」

　このように、売上が伸びていても利益が減少していたり赤字の企業は、決算書を見ることで将来利益を出すことに期待できるかどうかを調べます。

　売上が減少している企業は基本的に成長株ではありませんが、不

図24 レーザーテック・2021年6月期第3四半期決算・注目すべき5つのポイント

2021年6月期　第3四半期決算短信〔日本基準〕（連結）

2021年4月30日

上場会社名　　レーザーテック株式会社　　　　　　　　　　　　　　上場取引所　東
コード番号　　6920　　　URL　https://www.lasertec.co.jp/
代表者　　　　（役職名）代表取締役社長　　　　　　（氏名）岡林　理
問合せ先責任者　（役職名）常務取締役管理本部長　　　（氏名）内山　秀　　　TEL　045-478-7111
四半期報告書提出予定日　2021年5月13日　　　　　配当支払開始予定日　－
四半期決算補足説明資料作成の有無：有
四半期決算説明会開催の有無　　　：無

①売上と利益は増えたか

（百万円未満切捨て）

１．2021年6月期第3四半期の連結業績（2020年7月1日～2021年　　31日）

（1）連結経営成績（累計）　　　　　　　　　　　　　　　　（％表示は、対前年同四半期増減率）

	売上高		営業利益		経常利益		親会社株主に帰属する四半期純利益	
	百万円	％	百万円	％	百万円	％	百万円	％
2021年6月期第3四半期	51,945	102.9	18,584	109.6	18,961	112.7	13,477	113.6
2020年6月期第3四半期	25,601	19.2	8,864	54.4	8,915	56.9	6,310	46.9

（注）包括利益　2021年6月期第3四半期　13,523百万円（115.9％）　　2020年6月期第3四半期　6,264百万円（48.8％）

	1株当たり四半期純利益	潜在株式調整後1株当たり四半期純利益
	円　銭	円　銭
2021年6月期第3四半期	149.45	149.32
2020年6月期第3四半期	69.97	69.91

②純資産は増えたか

③自己資本比率は適正か

（注）当社は、2019年11月25日開催の取締役会決議に基づき、2020年1月1日付で普通株式1株につき2株の割合で株式
分割を行っております。そのため、前連結会計年度の期首に当該株式分割が行われたと仮定して1株当たり四半期
純利益及び潜在株式調整後1株当たり四半期純利益を算定しております。

（2）連結財政状態

	総資産	純資産	自己資本比率	1株当たり純資産
	百万円	百万円	％	円　銭
2021年6月期第3四半期	104,878	48,460	46.2	537.15
2020年6月期	81,794	39,175	47.9	434.19

（参考）自己資本　2021年6月期第3四半期　48,439百万円　　2020年6月期　39,154百万円
（注）当社は、2019年11月25日開催の取締役会決議に基づき、2020年1月1日付で普通株式1株につき2株の割合で株式
分割を行っております。そのため、前連結会計年度の期首に当該株式分割が行われたと仮定して1株当たり純資産
を算定しております。

２．配当の状況

	年間配当金				
	第1四半期末	第2四半期末	第3四半期末	期末	合計
	円　銭	円　銭	円　銭	円　銭	円　銭
2020年6月期	－	31.00	－	27.00	－
2021年6月期	－	20.00	－		
2021年6月期（予想）				35.00	55.00

①と④を比べる

（注）　1．直近に公表されている配当予想からの修正の有無：無
　　　　2．当社は、2019年11月25日開催の取締役会決議に基づき、2020年1月1日付で普通株式1株につき2株の割合で
株式分割を行っております。これに伴い2020年6月期の期末及び2021年6月期（予想）の1株当たり配当金に
ついては、株式分割を考慮した金額で記載しております。なお、株式分割を考慮しない場合の2020年6月期の
期末の1株当たり配当金は54円と　　　　　　　　　　　　　　　　　　　　　　　　
株式分割の実施により単純計算でき　　　　　　　　　　　　　　　

④今期予想はどうか　　　**⑤進捗率はどうか**

３．2021年6月期の連結業績予想（2020年7月1日～2021年6月30日）

（％表示は、対前期増減率）

	売上高		営業利益		経常利益		親会社株主に帰属する当期純利益		1株当たり当期純利益
	百万円	％	百万円	％	百万円	％	百万円	％	円　銭
通期	62,000	45.6	20,000	32.8	20,000	32.3	14,000	29.3	155.25

（注）　1．直近に公表されている業績予想からの修正の有無：無
　　　　2．当社は、2019年11月25日開催の取締役会決議に基づき、2020年1月1日付で普通株式1株につき2株の割合で
株式分割を行っております。連結業績予想の「1株当たり当期純利益」につきましては、当該株式分割後の発
行済株式数（自己株式数を除く）により算定しております。

図25　決算短信・経営成績の売上・経常利益の評価の仕方

売上・経常利益の増減の判断

○ 売上：増加　　経常利益：増加

△ 売上：増加　　経常利益：減少

△ 売上：増加　　経常利益：赤字が減少

△ 売上：減少　　経常利益：増加

× 売上：減少　　経常利益：減少

売上の伸びが特に重要。成長初期の赤字や減益は将来性次第

売上・経常利益の伸び率での判断

× 増収・経常増益率マイナス　　成長株ではない

△ 増収・経常増益率 10% 未満　低成長株

○ 増収・経常増益率 10-20%　　普通の成長株

◎ 増収・経常増益率 20-30%　　高成長株

◎ 増収・経常増益率 30% 以上　超高成長株

◎だとすでに株価が割高に。×や△から○、○から◎へと成長が加速する初動を狙う

振企業の業績が回復して成長に転じるときなどに、このパターンになることがあります。

　また、単純に伸び率の高い銘柄を選べばよいかと言うとそうではありません。増収率・増益率が高い銘柄ほど市場期待は高く、株価はすでに上昇しています。**割安に買える銘柄が少ない**ということです。テンバガーを狙うには「できるだけ割安に買う」ことも重要になります。

　例えば、×や△の業績だった企業が○の成長に転じるタイミングや、○から◎へと成長が加速する業績変化の初動段階で購入できると、より大きなリターンが期待できます。

　このような観点から、**決算書はできるだけ発表当日に読むことが**望ましいと言えます。発表翌日から株価は変動し織り込まれていきます。決算書の発表日は、各企業の Web サイトなどで公開されて

いますのでチェックしておきましょう（公開場所は本章の最後にある「はっしゃん Column ③」で後述）。

　四半期ごとに増収率・増益率の変化を見続けていると第1章の成長ストーリーで見たような変化の初動ではないかと思える数字に出合うことがあります。

レーザーテックの増収率・増益率

　レーザーテックの場合、2020年7月1日から2021年3月31日まで9ヵ月間の売上は「51,945百万円」でした（**図26**）。つまり、519億4500万円です。決算短信の業績に関する数字は「百万円」単位ですので、最初の「,」の一つ右の数字から億単位になります。

　その下には前期の第3四半期までの売上が記載されていますが、金額は256億100万円で、今期売上は前年同期比102.9%で伸び率

図26　レーザーテック・2021年6月期第3四半期の増収率・増益率

決算短信1ページ目冒頭の「経営成績」の欄

（百万円未満切捨て）

１．2021年6月期第3四半期の連結業績（2020年7月1日〜2021年3月31日）

（1）連結経営成績（累計）　　　　　　　　　　　　（%表示は、対前年同四半期増減率）

	売上高		営業利益		経常利益		親会社株主に帰属する四半期純利益	
	百万円	%	百万円	%	百万円	%	百万円	%
2021年6月期第3四半期	51,945	102.9	18,584	109.6	18,961	112.7	13,477	113.6
2020年6月期第3四半期	25,601	19.2	8,864	54.4	8,915	56.9	6,310	46.9

2021年6月期第3四半期の成績（累計）は

102.9%増収

112.7%経常増益

売上の伸びが特に重要。成長初期の減益や赤字は将来性次第

64

は2倍以上です。

　レーザーテックは1960年創業で1990年に株式を店頭公開、2004年にジャスダック上場を果たし、2013年に東証1部に昇格した企業です。この規模の会社の売上が1年で2倍になるのは珍しいことで、成長性が非常に高いことが分かります。

　では、利益のほうはどうでしょうか？　ポイントとなる経常利益は189億6100万円で前年同期比112.7％。2倍以上に伸びています。

　この決算は長年、決算書を見続けてきたはっしゃんから見ても「印象的」と言ってよい好業績です。

　こういった誰もが目を見張る数字を叩き出すのが「スター成長株」です。

　念のために書いておくと、「では、レーザーテックが買いなのか？」と言うと必ずしもそうとは限りません。現在の株価はもう数年先の成長まで織り込んだ水準にあります。テンバガー株を狙うコツは、レーザーテックのような成長企業を**成長の初動や成長加速前に買う**ことです。なお、すでに保有している場合は、成長が続く限り持ち続ければよいでしょう。

第2条　純資産は増えたか

　純資産は、会社の財務状況（貸借対照表〈BS〉）がどうなっているかを見る指標です。

　成長株の純資産は通常、増加し続けます。大きく減少したり、連続で減少したりする場合は、成長倒れのサインになりますので、理由を確認する必要があります。理由が分からない場合は投資対象から外すことも検討します。

○純資産が増えている

△純資産が減少している

×純資産が大幅に（20％以上）減少している

×純資産が2年連続で減少している

　レーザーテックの2021年6月期第3四半期の決算短信の「(2)連結財政状態」を見ると、純資産は484.6億円。2020年6月期末は391.8億円なので、24％ほど増えています。

第3条　自己資本比率は適正か

「自己資本比率」は会社が持つ総資産に占める純資産の割合で「自己資本比率＝純資産／（純資産＋負債）」で計算します。

　自己資本比率があまりに低いと、負債すなわち借金をたくさんしてビジネスしていることになります。場合によっては借金を返せないで倒産、となりかねませんので注意してください。

　また、自己資本比率が大きく減るのは、純資産が大きく減少するか、借金が急増しているときで、どちらも注意が必要です。

×20％未満　　（金融業：4％未満）

△20％以上　　（金融業：4％以上）

○30％以上　　（金融業：6％以上）

◎50％以上　　（金融業：10％以上）

×自己資本比率が20％以上低下

△自己資本比率が10％以上低下

○自己資本比率が10％未満の低下または上昇

　はっしゃんは自己資本比率の安全ラインとして20〜30%以上の数字を使っています。ただし、銀行などの金融業は負債比率が大きくなるので別の基準を使います。金融業を子会社に連結する会社の場合は、普通の企業と金融業の中間くらいが望ましいでしょう。

　レーザーテックの自己資本比率は前年同期より低下し、46.2%になっています。前2020年6月期は47.9%だったので1.7%低下していますが、この程度の減少は、事業が成長しているのであれば、まったく問題ありません。

自己資本比率と財務レバレッジの関係とは？

　同じ成長株でも、例えば、孫正義氏率いるソフトバンクグループ（9984）のように、巨額の借金をして身の丈を超える投資事業を行い成長している企業もあります。

　ソフトバンクグループの2021年3月期決算を見ると「親会社所有者帰属持分比率（≒自己資本比率）」は22.3%しかありません。同社は国際財務報告基準「IFRS」を使った会計（87ページ参照）を導入しているため、表記は違いますが、かなり低くなっています。

　このように借金をして身の丈以上の経営を行う手法を「レバレッジ（ROE）経営」と呼びます。

　「ROE（Return On Equity）」は日本語で**「株主資本利益率」**や「自己資本利益率」と呼ばれ、自己資本の何パーセントの純利益を上げているかを示した指標です。

　高ROEを達成する一つの方法が、自己資本を元手に多額の借り入れをして利益を増やすことなので「レバレッジ経営＝高ROE経営」と見なされます。ROEは成長株投資では非常に重要な指標ですので、第4章で詳しく解説します。

　借金を嫌う日本では、一般的に自己資本比率が高く、リスクの低

い経営スタイルが好まれます。一方、海外の投資家から好まれるのはリスクをとって高収益を上げるソフトバンクグループのような企業です。これらは成長株投資の銘柄選択にも影響してくるのですが、その話もまたあとでしましょう。

第4条　今期予想はどうか

「今期予想」は、その四半期が属する事業年度（決算期末の決算書の場合はその次の年度）に、どれくらい売上や利益を上げるか、会社自身が予想した数字です。

　株価は、過去の業績よりも、将来の業績（＝推定される未来の企業価値）に応じて値動きをします。そのため、「業績予想」欄は重要な意味を持ちます。

　予想に変化がない場合、掲載欄の下に「直近に公表されている業績予想からの修正の有無：無」と記載されています（ただし、業績予想を公開していない企業もあります）。

×修正の有無：有（下方修正）
×修正の有無：無（事前に下方修正済み）
○修正の有無：無
◎修正の有無：無（事前に上方修正済み）
◎修正の有無：有（上方修正）

　注目すべきは、業績予想に変化があったときです。

　業績予想の修正は、決算発表より前に発表され、決算時にはその修正が反映された数字が記載される場合と、決算発表と同時に発表される場合があります。

　決算短信に「修正の有無：有」となっている場合は、決算と同時

68

に業績予想が修正されています。「修正の有無：無」であっても、事前に修正が発表されている場合もあるので注意してください。

　業績がよくなったときは「上方修正」、悪くなったときは「下方修正」で、数字によって今後の成長ストーリーに変化が出てくるため、株価を動かす要因となります。修正内容によっては、株価が1日の値幅制限の上限・下限に達する「ストップ高」「ストップ安」まで動くこともあります。

　ただし、成長株の場合は、下方修正であっても**「先行投資」による前向きな「下方修正」**というケースもありますので、修正理由や内容は確認しておきましょう。

　証券取引所は上場企業に対して、投資家の投資判断に有用な将来予測情報の積極的な開示を要請しています。その要請に応じて業績予想が発表されていますが、義務ではありません。

　例えば、コロナ禍に見舞われた2020年度には、多くの企業が決算短信に「業績予想は未定」と記載しました。コロナ禍がその企業の経営にどのような影響を及ぼすか、適正かつ合理的に判断できないというのがその理由でした。

　ただし、業績予想開示後に、新たに算出された売上や利益が、公表された直近予想とかい離していることが判明した場合、修正などの適時開示が義務づけられています。

●売上が10％以上変動する場合
●営業利益、経常利益、純利益が30％以上変動する場合

　開示の時期は、判明した時点であるため、決算前の場合もあれば、決算発表と同時の場合もあるわけですね。

レーザーテックの 2021 年 6 月期第 3 四半期における、通期の連結業績予想は売上が 620 億円で前期比 45.6% 増、経常利益は 200 億円で前期比 32.3% 増で「修正の有無：無」になっています。

　その後、レーザーテックは 2021 年 8 月 6 日にこの業績予想を上回る 2021 年 6 月期の本決算を発表しました。最終的な売上は 702.5 億円（前期比 65.0% 増）、経常利益は 264.4 億円（前期比 74.9% 増）と、従来の予想をさらに大きく上回って着地しました。

　業績予想は「保守的な予想しか出さない会社」もあり、そういう企業の場合、業績を上方修正することが多くなります。逆に「楽観的な予想を出す会社」もあり、『会社四季報』（東洋経済新報社）などで「会社計画は過大」と書かれたり、業績未達で推移することが多くなります。予想を真に受けてはいけないということですね。

　そこで大切になってくるのが、第 5 条の「進捗率」になります。

第5条　進捗率と四半期特性はどうか

　「業績進捗率」 は決算短信の中に記載されているわけではなく、電卓などで計算する必要があります。本書の第 5 章で紹介する Excel 分析シートでも計算することができます。

　この章で紹介したレーザーテックの 2021 年 6 月期第 3 四半期時点の今期予想は、すでに第 3 四半期まで終わっているので、実績値が出ています。

　売上は、第 3 四半期までの累計で 519.5 億円、通期の予想が 620.0 億円。今までのペースでもう 1 四半期分、売上が増えた場合、実績値の約 1.33 倍が想定される通期売上になります。

　レーザーテックの 2021 年 6 月期第 3 四半期までの進捗率は、
「5195 × 1.33 ＝ 6909　6909 ／ 6200 ＝ 1.1144」

で計算します。すると、売上進捗率は111.4％になります。

四半期ごとの進捗率の計算レート
●**第1四半期の場合：4倍**
●**第2四半期の場合：2倍**
●**第3四半期の場合：1.33倍**

×売上・利益の進捗率がともに会社予想より下
△売上・利益の進捗率のいずれかが会社予想より下
○売上・利益の進捗率がともに会社予想より上

　つまり、このペースで行くと会社予想を11％超上回って着地することになります。

　一方の経常利益はこれまでの累計が189.6億円で、通期予想が200億円ですから、

「1896 × 1.33 = 2522　2522 ／ 2000 = 1.26」

と会社予想より26％増益になりそうです。

　そして、実際の本決算では売上702.5億円（＞690.9億円）、経常利益264.4億円（＞252.2億円）と、第3四半期時点の累計の1.33倍をさらに上回る好結果となりました。

　このように、同じ決算発表でも、第1〜第3四半期は会社の通期予想に対する進捗率を計算して、業績が会社の予想通りに進んでいるかどうかを確認しましょう。

　決算短信の進捗率から上方修正、下方修正が見込まれるような業績変化が予測できる場合、修正が発表されなかったとしても株価に影響が出てきます。

　成長株投資という観点からは、今見たレーザーテックのように、進捗率が100％を超え、最終的にその進捗率以上の実績値で本決算

が着地するパターンが理想です。

第1～第4の四半期特性を確認する

　業種によっては四半期ごとの売上や利益に偏りがある企業もあります。

　レーザーテックの場合は半導体製造装置という高額な製品を販売している企業のため、売れる期と売れない期で売上・利益が大きく変動します。

　例えば、レーザーテックの2020年6月期の四半期ごとの「売上（経常利益）」は、

第1四半期（19年7～9月）　55.4億円（13.7億万円）

第2四半期（19年10～12月）　144.1億円（65.8億円）

第3四半期（20年1～3月）　56.5億円（9.7億円）

第4四半期（20年4～6月）　169.7億円（62.0億円）

と、四半期でばらつきがあり、法則性は見出せません。「高額な半導体製造装置が売れたら売上が増え、売れないと減少」で予想困難です。

　一方、業種によっては、売上が**季節ごと規則的に変化する企業**もあります。例えば、ゲーム会社の任天堂（7974）の場合、12月のクリスマスが入った第3四半期に、突出して売上も利益も大きくなるという特徴があります。2020年3月期、2021年3月期の2年分の売上・経常利益を四半期ごとに棒グラフにして並べたものが**図27・上**になります。

　同じゲーム機を販売していても、ソニー（6758）の四半期売上・経常利益（**図27・下**）にそこまでばらつきはありません。ゲーム外の事業も多く手がけるソニーと比較して、任天堂はクリスマス商戦が大きな稼ぎ時と分かります。

図27　任天堂とソニーの四半期ごとの売上・経常利益の推移（2期分）

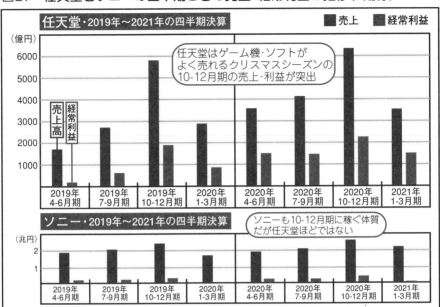

　他にも、公共事業など国や地方自治体からの受注が多い企業の場合、予算執行の「年度末」になる1～3月期の売上が大きくなり、逆に「年度初め」の4～6月期には少なくなる傾向があります。

　売上、利益とも業種・企業によって季節差が強く出る場合もあるので、投資する際は過去の決算短信を四半期単位で紐解いて**「四半期特性」**がどうなっているかを確認しましょう。

四半期特性で赤字になる企業の例

　例えば、スタジオアリス（2305）は、全国で子ども向け写真館を運営する企業で、七五三イベントのある11月を含む第3四半期で集中的に売上・利益を稼ぐ業態です。閑散期となる上期は赤字になることも珍しくありません。しかし、株式市場はスタジオアリスの**四半期特性を理解している**ので、例年通りであれば赤字であって

も株価が大きく下がるということはありません。

　スタジオアリスの「売上（経常利益）」は、
第1四半期（20年3〜5月）　42.5億円（−19.7億円）
第2四半期（20年6〜8月）　93.8億円（＋15.0億円）
第3四半期（20年9〜11月）　137.3億円（＋45.1億円）
第4四半期（20年12月〜21年2月）　89.9億円（＋9.2億円）
となっています。

　2021年2月期の第1四半期は19.7億円もの経常赤字を計上していますが、第3四半期では45.1億円の黒字となり、累計でも第3四半期で黒字化しています。

　このように四半期特性を理解していないと正しい投資判断ができないケースもあるので、決算書は四半期単位でも業績を見るようにしましょう。

第6条　四季報予想と比べてどうか

　第5条までは、基礎編として決算短信1ページ目に記載されている数字の読み方を中心に見てきました。第6条からは応用編として、決算短信と関連して把握しておくべき情報を紹介します。

　第5条で説明した会社予想は保守的なことや楽観的なことも多いので、セカンドオピニオンとして他の予想もチェックすると参考になります。その代表が毎年4回発行される**東洋経済新報社の『会社四季報』の二期予想**です。

　レーザーテックの第3四半期決算が発表された時点で最新だった『会社四季報2021年2集春号』を見ると、2021年6月期の四季報予想は、売上620億円、経常利益200億円と会社予想のままにな

っていました。

　問題となるのは会社予想と四季報予想が違う場合ですが、四季報発売前後には織り込まれるため、株価にも影響を与えます。

　ただし、必ずしも四季報の業績予想が当たるとは限らず、決算では逆の結果が出ることも少なくありません。どちらに転ぶか、自分で考えて判断することが大切です。

　はっしゃんの経験則では、自分が詳しく調べた銘柄ほど四季報予想より自分自身の予想が正しいことが多くなります。ただし、結果的に自分の予想が正しかった場合でも四季報予想が出ることで株価は（一時的にせよ）その方向へと動きます。

　このように、四季報予想は株価にも影響を与えるため、発売時には多くの個人投資家がチェックする情報です。しかし、長期指向の成長株投資にとっては、決算短信ほど重要度が高いわけではありません。

第7条　市場コンセンサスと比べてどうか

　市場のコンセンサス予想は、ネット証券の株式情報欄に例えば「レーザーテック」と打ち込んで、業績欄を確認すると、さまざまな株式アナリストの業績予想や目標株価の平均値（コンセンサス）を見ることができます。

　これらはアナリストが評価を変えるたびに更新されるので、四季報のようなタイムラグはありませんが、銘柄によってカバー範囲がマチマチで、どちらかと言うと大手企業と比べ成長株はカバーされないことが多くなります。ただし、カバーされている場合は、四季報同様に影響を受けますので、チェックしておくとよいでしょう。

　レーザーテックの2021年6月15日時点のアナリストのコンセ

ンサス予想は、

売上　667億2900万円（前期比56.7％増）

経常利益　229億3300万円（前期比51.7％増）

　と会社予想を大きく上回っていました。

　会社予想とコンセンサス予想のかい離から、上方修正があるだろうなどと参考にすることもできますが、ほとんどの場合、開示されているコンセンサス予想は、発表直後に株価に織り込まれていて、サプライズとなるのは**コンセンサス予想を超えた業績変化**があった場合になります。

　ちなみに決算結果が市場コンセンサスと比べて、いい意味で驚きを持って受け入れられることを「ポジティブサプライズ」、悪い意味で意表を突いた場合は「ネガティブサプライズ」と呼ばれます。

　市場コンセンサスも四季報と同様に、会社予想の補足的な情報であり、長期指向の成長株投資では、決算短信ほど重要度が高いわけではありません。

第8条　決算状況、差異事由などを確認

　ここまで、主に決算書の数字について解説してきましたが、成長株投資では、成長企業の特徴や強みを理解するための**「定性分析」**（数字ではなく業種・業態の有望性や経営者の資質、技術力、営業力など企業の質を分析すること）も重要になります。

　決算短信には、会社の現状を知ることができる貴重な定性情報も掲載されています。

　それが第1章でも触れた1〜2ページ目の「サマリー（要約）」、3ページ目の目次に続き4ページ目に書かれている**「当四半期決算**

に関する定性的情報」（本決算の場合は**「経営成績等の概況」**）です。中でも「経営成績に関する説明（もしくは分析）」は、会社の経営状況が具体的に書かれていて、とても参考になります。

　決算書の説明内容は、事実のみが記載されたシンプルなものであったり、強気で楽観的な見通しが書かれていたり、企業によって傾向が異なります。中には、株主にあまり情報開示しないスタンスの企業もありますが、**情報開示姿勢と将来性、成長性は別物**です。

　実際、株主に媚びるような姿勢の企業が、結果で見ると背信的だったり、逆に株主など眼中にないような硬派な企業が実力で結果を示すこともあります。このような企業の傾向も把握しておくと役に立つでしょう。

　レーザーテックの2021年6月期第3四半期決算は、売上、経常利益とも前期比2倍超の好決算でしたが、4ページ目の「定性的情報」の文章を見ると、経営成績に対する自社分析を確認できます。そこには、

●レーザーテックが属する半導体業界では、米中摩擦の高まりや半導体を特定の地域に依存する地政学リスクのため、中長期的なサプライチェーンの再構築が進んでいること。

●足元では5Gのスマートフォンやリモートワークの拡がりによるPC需要、データセンター向けの最先端半導体需要が堅調なこと。

●ロジック、メモリデバイスメーカーが最先端のEUV（極端紫外線）リソグラフィを用いた半導体製造工程の能力増強を継続していること。

●マスクブランクスメーカーもEUV関連分野の投資に取り組んでおり、半導体関連装置市場は今後の拡大が見込まれていること。

　などが記述されており、こうした概況説明に続いて、同社の半導体関連装置の売上が前年同期比123.3％増の433.2億円に伸びたこ

となどが書かれています。

　また、同社の Web サイトを見ると同社の主力商品が、EUV リソグラフィに使うマスクブランクスや半導体の設計回路の欠陥を、EUV 光源を使用して発見する検査装置だということが分かります。この製品が世界中の半導体産業から引く手あまたの人気商品となり、前期比 2 倍超も売れていることが、成長の原動力というわけです。

　業績や成長の背景にある企業の製品やサービス、ビジネスモデルの状況は、テキスト情報が中心の決算短信だけでは、よく分からないこともあります。そのような場合は、企業の Web サイトなども読んで、把握しておくと役立ちます。

第9条　3年後の企業価値を予測する

　第 1 章で成長企業の基本的な考え方として「売上が 2 倍になれば利益は 2 倍になり株価も 2 倍になる」と説明しましたが、テンバガー候補の目安としては **「3年で2倍」** の伸びを基準とします。

　成長株投資にも短期と長期がありますが、はっしゃんは「3 年」で分かるように長期指向です。

　ただし、3 年で 2 倍、という数字はかなり厳しい基準ですので、該当する企業はわずかしかありません。3 年で 2 倍ペースの成長を続ければ 6 年後に 4 倍、9 年後には 8 倍となり、約 10 年後にテンバガーへ到達します。この「3 年で 2 倍」基準を 1 年あたりで言うと、約 25％ の成長が必要となります。

成長株のテンバガー基準

● **1年後　25％増**

● **3年後　2倍**

● **6年後　4倍**

● 9年後　8倍
● 10年後　10倍

　1年あたりの伸び率は、単純な直近の伸び率ではなく、時系列で考えます。例えば、

A社の伸び率：＋40% → ＋35% → ＋30% → ＋25%
B社の伸び率：　＋5% → ＋10% → ＋15% → ＋20%

　という2つの企業があれば、どちらが投資先として有望でしょうか。時系列に数字を見ると、たとえ現在の伸びが低くても、今後の伸びしろを考えた場合、B社のほうが有望だと考えられますよね。現在より将来の伸びを重視するわけです。
　また、すでに25%成長に到達した企業の多くは成長企業として評価されており、市場でも人気化して割高であることが少なくありません。そこで、3年後の企業価値で考えて、

１．　25%以上の売上・利益成長に到達していて、今後も成長持続が期待できる銘柄
２．　25%以上に達していないが、これから成長が続けば到達が見込める銘柄

　を時系列の流れも考慮して検討します。
　1の銘柄には割高株が多く、成長倒れになったとき損失が大きくなるリスクがあり、2の銘柄は割安なものもありますが、成長が加速しなければ空振りに終わります。それぞれ一長一短がありますが、よい銘柄によいタイミングで投資できると、より大きなリターンが狙えるでしょう。

特に成長株投資で株価が高いところばかりで買って失敗している人は、ここを改めることで改善できると思います。

　もう一つ将来の企業価値で考慮しておかないといけないのは、**「絶対に約束された未来はない」**という真理です。

　分かりやすい例で言えば、2020年に「新型コロナショック」が発生していなければどうだったか。コロナさえなければと思う経営者もいるでしょうし、コロナのおかげで儲かったと内心思っている経営者もいるでしょう。

　投資期間が長くなればなるほど、このようなパラダイムシフトが発生することも想定しなければなりません。「人事を尽くして天命を待つ」という割り切りも必要です。

第10条　株価はどのように動いたか

　決算書速読10ヵ条も第9条まで説明してきましたが、最終の第10条にあたるのが株価がどのように動いたかです。決算結果がよかったとしても必ずしも株価が上昇するとは限りません。○を的中、×を外れとした場合、パターンはざっくり次の4通りになります。

○業績予想　○株価予想　最もよい
○業績予想　×株価予想　その次によい
×業績予想　×株価予想　よくないが反省すれば次につながる
×業績予想　○株価予想　運がよかっただけ

　それぞれについて説明していきましょう。
○業績予想　○株価予想　最もよい
　どちらも的中した場合が最もよいです。この勝ちパターンを高確

率で再現できるように勝因を分析して、次につなげましょう。成長株投資の場合、理想は**「過去最高の業績でかつ新高値の更新」**です。勝ちパターンを確立することが決算書を読む目的です。

○業績予想　×株価予想　その次によい

　株価予想だけ外れた場合は、なぜ市場評価が業績と連動していないのか、よく調べて考えてみましょう。そもそも市場は、よく間違うものです。けれど、自分だけの思い込みがあったのかもしれませんし、実はもう少し評価の時間が必要なだけかもしれません。

×業績予想　×株価予想　よくないが反省すれば次につながる

　どちらも外れた場合ですが、実はプロや中・上級レベルの投資家でも、企業経営者であっても普通にあることですから、恥じることはありません。問題は失敗の確率を減らすこと。それを糧として自分が成長できるかどうかです。失敗の要因を分析して、同じ失敗を繰り返さないように改善して次につなげましょう。

×業績予想　○株価予想　運がよかっただけ

　4つの組み合わせの中で、最も注意が必要なのが、業績予想だけ外れた「運がよかっただけ」というパターンです。単に運がよかっただけでは、次につながりません。

「テストの選択問題で鉛筆を転がして正解したようなもの」と思いましょう。

　運がよかっただけで一時的に資産を増やせても、投資スキルの向上をともなっていないと、いつか負けます。しかも、そのときに勘違いしてとったリスクに応じた負け方をしてしまいます。勝って慢心するのではなく「兜の緒を締めよ」ということです。

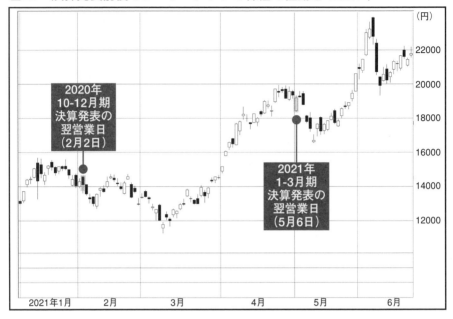

図28　決算発表前後のレーザーテックの株価の値動き・2021年

（円）

2020年
10-12月期
決算発表の
翌営業日
（2月2日）

2021年
1-3月期
決算発表の
翌営業日
（5月6日）

22000

20000

18000

16000

14000

12000

2021年1月　　　2月　　　　3月　　　　4月　　　　5月　　　　6月

　　例えば、図28は、2021年6月期第2四半期と第3四半期の決算発表前後のレーザーテックの株価の推移を示した日足チャートです。決算発表後は、いずれもいったん**「材料出尽くし」**で株価が下落しました。

　　このように、好決算が出たからと言っても、すでに期待されていたものだと短期的には下げてしまうこともあります。

　　4つの分類では、「〇業績予想　×株価予想」のパターンです。

　　レーザーテックの場合、その後、半導体関連株に強気な見方が出てきたこともあり、5月中旬から再び見直し買いが入って、6月7日には2万3930円の上場来高値をつけ、その後も続伸しました。

　　最終的に株価が上がるのも下がるのも業績次第ですが、短期的には需給に大きく左右されます。特にレーザーテックのようなスター成長株ともなると**決算サプライズを狙った短期の買い待ち・売り待ち**も膨らんでいます。業績がしっかり伸びている企業でも、10倍

株を達成したようなスター株では往々にして上下動の激しい値動き
になりやすい点は覚えておきましょう。

　なお、3年先、10年先を見据えた長期指向の成長株投資の場合、
業績さえしっかりしていれば、需給による株価乱高下はあまり気に
する必要がありません。そのためには投資ルールを決めて行動する
必要がありますが、それについては第6章で説明します。

成長株の株価チャートを5秒で選ぶ方法

　最後に、成長株の「株価と業績が連動した」株価チャート選びに
ついて説明しておきましょう。投資期間が長くなる成長株では、
「月足チャート」を使って判断します。

　月足チャートは、ローソク足1本が1ヵ月の値動きを示したチ
ャートです。株価の値動きを数年以上の長い期間にわたって見ると
きに使うチャートで、成長株投資で重要な**「過去5年分の決算書」**
との比較に欠かせないものです。ちなみに、はっしゃんは、株価チ
ャートと言うと、ほぼ月足チャートしか見ていません。

　業績が右肩上がりになっている（はずの）成長株が満たすべきチ
ャートの条件は、

●**右肩上がりのチャート**
●**白い（陽線が多い）チャート**
●**半年以内に新高値を更新しているチャート**

　の3項目を満たしたものになります。右肩上がり傾向で、白が多
く、右上が高くなっているチャート。簡単ですね。

　第9条でも触れましたが、成長株の基本となる考え方は、

「売上が２倍になれば利益は２倍になり株価も２倍になる」

　ですから、「過去５年分の決算書」の売上、利益の伸びと連動して株価も右肩上がりになっていればOKです。細かい増収・増益率や株価上昇率まで見る必要はなく、ざっくりと方向感が同じであれば問題ありません。

　すでに過去５年分の決算書チェックが終わっていれば、１年分１秒として５秒もあれば連動性をチェックできるでしょう。

　図29はレーザーテックとトヨタ自動車（7203）の株価チャートです。どちらも右肩上がりになっているのが分かりますね。レーザーテック、トヨタ自動車ともに今期（2021年度）の最高益更新が期待されており、業績と株価が連動していると言えるでしょう。

　ちなみに、図29の２つのチャートを比較すると、レーザーテックのほうがより上昇率が高い傾向を示しているのが分かります。

図29　チャートの形から上昇率の高さを見分ける方法

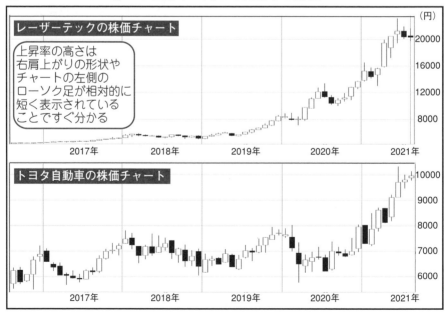

上昇率の高さは高値や安値の数字からも計算できますが、上昇率が高いほどチャート左側のローソク足が相対的に短く表示されるので、一目で分かります。

まとめ：
決算短信1ページ目からの決算書速読10ヵ条

第2章では成長株投資ならではの決算書の読み方を決算書速読10ヵ条として解説しました。

第1条から第5条までは基礎編として決算書に記載されている数字の見方や成長株としての考え方を説明しました。

第1条　売上と利益は増えたか

第2条　純資産は増えたか

第3条　自己資本比率は適正か

第4条　今期予想はどうか

第5条　進捗率と四半期特性はどうか

第6条から第10条は応用編で、決算書の数字を他の情報と比較したり、将来の企業価値や株価チャートと比較する方法を説明しました。

第6条　四季報予想と比べてどうか

第7条　市場コンセンサスと比べてどうか

第8条　決算状況、差異事由などを確認

第9条　3年後の企業価値を予測する

第10条　株価はどのように動いたか

続く第3章では、成長株の決算書についてより深く理解するために、財務三表を「見える化」して本格的に分析します。

　株式市場で売買が行われる上場企業の場合、金融商品取引法という法律で、1年を3ヵ月ごとに4分割し、それぞれの期間の経理状況などを示した「四半期報告書」を各期間終了後、45日以内に内閣総理大臣へ提出することが義務づけられています。

　この法律に基づいて、東京証券取引所（東証）などの証券取引所は、上場企業に対して「有価証券報告書」や「決算短信」「事業報告書等」の開示方法を指導しています。

　「決算短信」は企業の四半期ごとの業績を完結にまとめたもので、冒頭の「サマリー（要約）」と呼ばれる1～2ページ目を見れば、企業分析に必要なほぼすべての「数字」が掲載されています。東証では所定のフォーマットを例示して「この形式で発表するように」と要請しているため、どの会社の業績発表も同じ形式で閲覧できます。

　また「決算短信」は各四半期終了後、45日以内に発表する必要があり、できれば30日以内の開示が望ましいとされています。もし、決算短信の開示が各決算期末から50日を超える場合は遅れた理由も説明しなければいけないことになっています。

　上場企業に投資する投資家にとってみれば、投資先のビジネスが順調か不調か、予想通りか予想外かは、できるだけ速く知りたいものです。つまり、投資家にとって最も大切な**「速報性」**という点から、決算短信は最重要資料とされます。

　日本企業に最も多い3月末が年度末の企業の場合、決算短信の発

表スケジュールは、

●第1四半期（1Q）4―6月。発表は7月中旬から8月中旬
●第2四半期（2Q）7―9月。発表は10月中旬から11月中旬
●第3四半期（3Q）10―12月。発表は1月中旬から2月中旬
●第4四半期（4Q）1―3月。発表は4月中旬から5月中旬

となります。

　投資先として考えている上場企業の「決算発表が何月何日か」を知りたい場合は、その会社のWebサイトにアクセスして、「IR情報」や「投資家情報」のページから「IRカレンダー」や「決算発表スケジュール」で確認しましょう。

　企業のWebサイトで探せない場合は、日本取引所グループのサイトにアクセスして「上場会社情報→決算発表・株主総会予定日→決算発表予定日」と下りていくと、上場企業の決算発表予定日を決算月ごとにまとめたエクセルファイルが公開されているので、それを参考にするのもいいでしょう。

　日々の決算発表の結果は、次ページの図30に示したサイトなどでも手軽に入手できます。

決算書には3つの決算基準がある

　日本の上場企業には**「日本会計基準」**だけでなく、米国で上場する企業に義務づけられた**「米国会計基準」**やEU域内の上場企業に義務づけられた**国際財務報告基準「IFRS」**を使った決算書も認められています。

　例えば、キヤノン（7751）、ソニー、野村ホールディングス（8604）、オリックス（8591）の決算書は「米国会計基準」、トヨタ自動車、ソフトバンクグループ、NTT（9432）の決算書は「IFRS」

図30　上場企業の決算発表をチェックできるサイト

適時開示情報閲覧サービス（TDnet）
https://www.release.tdnet.info/inbs/I_main_00.html
日本経済新聞　適時開示検索
https://www.nikkei.com/markets/kigyo/disclose/
株探　会社開示情報
https://kabutan.jp/disclosures/
IR BANK 決算速報
https://irbank.net/news

株式投資では業績チェックが必須。
決算発表翌日に株価が大きく動くことが
多いので発表日がいつかもチェックしよう。
決算前後に業績変化のサプライズを狙って
買うのも効果的な方法の一つ

で作られています。

　会計制度の細かい違いは非常に専門的なので、ここでは割愛しますが、投資家として覚えておいたほうがよいのは、

●日本基準の「売上」がIFRSでは**「営業収益」**と呼ばれ、米国基準では「売上」「営業収益」のいずれかで示される。売上をどの時点で計上するかのルールにも細かい違いがある。

●米国基準やIFRSには「経常利益」という名称がなく、**「税引前利益」**が日本基準の経常利益に相当する。

●「純利益」という名称も**「親会社株主に帰属する当期利益」**と呼ばれる。

　などです。

　米国基準やIFRSではその年に限った特別な損失でも、本業に関係するものであれば特別損失ではなく営業損失に計上すべきという

ルールがあるため、営業利益が日本基準よりも低くなる傾向があります。

　減価償却の計上方法にも違いがあります。例えば、M&Aした他社の買収費用のうち、**「のれん代」**と言われるブランド価値（取得金額と取得純資産の差分）については、日本基準だと20年にわたって減価償却します。一方、IFRSでは、のれんの価値が著しく低下しない限り、減価償却する必要はありません。

　最近は海外投資家に自社をアピールしたい企業が増えているため、日本基準からIFRSや米国基準に会計制度を変更する企業も増えています。

　株式投資のために決算書を読むという観点では、まずは「売上⇔営業収益」「経常利益⇔税引前利益」という名称の違いがあることだけは押さえておきましょう。

　決算基準が変更された場合、厳密な計算が難しいため、決算書冒頭の売上や利益の前期比の伸び率が未記載となります。

　はっしゃんの場合、このようなケースでは、基準による多少の数字の違いは無視して、基準の異なる売上と利益を比較して伸び率を独自計算するようにしています。

連結と非連結の違いとは？

　会計制度には**「連結決算」**か**「非連結決算」**かの違いもあります。

　上場企業に、経営支配している他社や従属関係にある子会社がある場合、その業績も加味して決算を行うのが「連結決算」です。

　連結決算に含める子会社は、親会社が原則、議決権の50％以上の株を保有していて、その会社の意思決定を支配している企業です。一方、50％に達しないものの、議決権の20％以上を保有する子会社は**「持分法適用会社」**と呼ばれ、株式の持ち分比率に応じて、子

会社の業績などが親会社の財務諸表や損益に反映されます。

　上場企業同士が親子で上場しているケースもあり、ソフトバンクグループやイオングループ、GMO グループのように多数の子会社が上場している企業グループもあります。

親子上場の例
●親会社：三菱商事　連結子会社：ローソン（50.0% 保有）
●親会社：キーエンス　持分法適用会社：ジャストシステム（44.0% 保有）
●親会社：ソニーグループ　持分法適用会社：エムスリー（34.0% 保有）

　子会社がなく単独で事業を行っている企業は「非連結会計」になります。小型の成長株には、非連結会計を続けている企業も多数あります。
　非連結から連結になるなど、こちらも変更があった場合、連続性の問題から決算書冒頭の売上や利益の伸び率が未記載となります。このようなケースで過去 5 年分の伸びを分析する場合には、基準の異なる売上と利益を単純比較して、伸びを独自計算するとよいでしょう。

会計期間の変更について

　決算書の会計期間は通常 1 年間（12 ヵ月）ですが、まれに決算月の変更のため、会計期間が 9 ヵ月になったり 13 ヵ月以上になったりすることがあります。
　例を挙げると、

●2月決算を3月決算に変更するために今期を13ヵ月間（3月〜翌3月）とする

●3月決算を12月決算に変更するために今期を9ヵ月間（第3四半期末で本決算）とする

といった場合です。

会計期間の変更があった場合も、前期と今期を単純比較できないことから決算書冒頭の売上や利益の伸びが未記載となります。この場合は、会計期間の相違を補正することで売上と利益を比較して伸びを計算することができます。

会計期間が13ヵ月の場合

●売上と利益を12／13倍（0.92倍）して12ヵ月間に調整後、前期からの伸び率を計算します。

会計期間が9ヵ月の場合

●売上と利益を4／3倍（1.33倍）して12ヵ月間に調整後、伸びを計算します。

第3章

シンプルな"見える化"で「財務三表」をサクっと理解

~CF計算書、貸借対照表、損益計算書と時系列分析~

成長株投資のために成長株の財務三表を解説

　第2章では、成長株投資の視点からの決算書速読について説明しましたが、第3章では、本格的な決算書分析に入っていきます。決算書と言えば**「財務三表」**ですが、その中身は、成長企業と成熟企業とでは、かなり違います。

　本章では、テンバガーを達成したスター株の他、成長株と言える大企業、新興企業系や上場直後の企業、成長倒れになった企業など、成長株投資に役立つ企業の決算書をセレクトして解説します。

決算書の基本をビジュアルツールで理解する

　成長株投資にとって最も重要なのは決算短信ですが、決算書と言えば本来、

●**貸借対照表（BS）**

●**損益計算書（PL）**

●**キャッシュフロー計算書（CF）**

の財務三表を指します。決算短信にもサマリーや概況欄などに続いて財務三表が掲載されていますが、そこに記された「数字」は、財務状況や利益の源泉を知る貴重な資料となります。

　決算書に財務三表は欠かせませんが、数字ばかり並んでいて小難しいものです。そこで、はっしゃんは決算書を学習する個人投資家向けに、決算書の数字を抜き出し、入力することで財務三表を「見える化」するツールをWeb上で公開しています。

　本章ではそのツールを使って、成長株投資の視点から財務三表をしっかり理解する方法を解説します。

キャッシュフロー計算書（CF）とは何か？

　本来、財務三表と言えば貸借対照表（BS）の説明から始めるべきですが、本書では三表の中で最もシンプルながら、成長株投資では重要な意味を持つ**キャッシュフロー計算書（CF）**から始めます。

　CFは会計期間中のお金の増減を記録したものです。営業活動、投資活動、財務活動という3つの区分で、企業からどのようにお金が出入りしたか、現金の流れで収入と支出を追ったものになります。

　企業にとって最も大切なのは現金です。BSの「資産」や損益計算書（PL）の「利益」は必ずしも現金とは限りません。CFを見ることで、その企業の収益力や（今後の）成長力を判断することもできるため、特に成長株投資では投資先選びにとても役立つものです。

　CFでは、決算期間のお金の増減（キャッシュフロー）を3つの活動に区分して表示します。

●**営業活動**……企業が本業の営業を行うことで生じた現金の収支。利息の支払いや法人税など税金の支払いも含みます（赤字の場合はマイナス）。プラスが大きいほどよい指標です。

●**投資活動**……事業投資や金融投資などの現金収支（対外的に投資したときはマイナス、事業や有価証券など投資対象を売却したときはプラス）。成長株の場合、期待値はマイナスです。

●**財務活動**……投資先や子会社からの配当や借入金の調達・返済や株主配当金の支払いなど（借金や配当でお金が入ってきたときはプラス、返済などでお金が出ていったときはマイナス）。成長株では資金調達期はプラス、それ以外はマイナスになります。

キャッシュフロー計算書（CF）の具体例

　はっしゃんがウォッチしている成長企業の中には、日本一の時価総額を誇るトヨタ自動車（7203）も入っています。

　言うまでもなく日本を代表する自動車メーカーですが、はっしゃんは成長株として見ています。最近は自社を「モビリティカンパニー」と呼び、自動運転技術や水素エンジン、全固体電池など次世代成長分野への投資を進めています。

　そんなトヨタ自動車の2021年3月期決算のキャッシュフロー計算書（CF）を見てみましょう（**図31**）。

　ちなみにCFは、四半期決算での提出義務がなく、企業によっては本決算しか添付されていないケースがありますが、トヨタ自動車の場合は4四半期すべてで開示されています。

　ただし、日本一のトヨタ自動車でも1ページだけの簡単なものです。ほぼすべての上場企業で、前期の状況と比較する体裁になっています。

　見るべきポイントは決まっていて、図31の赤枠の5つの数字をピックアップするだけで全体の状況を把握することができます（数字左の△印はマイナスという意味です）。

①現金及び現金同等物の期首残高

②営業活動によるキャッシュフロー（以下、営業CFと表記）

③投資活動によるキャッシュフロー（以下、投資CFと表記）

④財務活動によるキャッシュフロー（以下、財務CFと表記）

⑤現金及び現金同等物の期末残高

図31　トヨタ自動車2021年3月期のキャッシュフロー計算書

４．連結キャッシュ・フロー計算書

（単位：百万円）

	前連結会計年度 （2020年３月31日に 終了した１年間）	当連結会計年度 （2021年３月31日に 終了した１年間）
営業活動によるキャッシュ・フロー		
当期利益	2,111,125	2,282,378
減価償却費及び償却費	1,595,347	1,644,290
金融事業に係る利息収益及び利息費用	△193,046	△236,862
持分法による投資損益	△310,247	△351,029
法人所得税費用	681,817	649,976
資産及び負債の増減ほか	△1,319,537	△1,063,562
営業債権及びその他の債権の増減（△は増加）	257,588	5,027
金融事業に係る債権の増減（△は増加）	△1,214,742	△1,243,648
棚卸資産の増減（△は増加）	△163,109	△242,769
その他の流動資産の増減（△は増加）	△308,342	△163,473
営業債務及びその他の債務の増減（△は減少）	△129,053	384,142
その他の流動負債の増減（△は減少）	258,904	282,197
退職給付に係る負債の増減（△は減少）	43,270	55,281
その他	△64,053	△140,319
利息の受取額		②営業キャッシュフロー
配当金の受取額		
利息の支払額	△506,307	△ 9,181
法人所得税の支払額	△777,522	0,117
営業活動によるキャッシュ・フロー	2,398,496	2,727,162
投資活動によるキャッシュ・フロー		
有形固定資産の購入＜賃貸資産を除く＞	△1,246,293	△1,213,903
賃貸資産の購入	△2,195,291	△2,275,595
有形固定資産の売却＜賃貸資産を除く＞	47,949	40,542
賃貸資産の売却	1,391,193	1,371,699
無形資産の取得	△304,992	△278,447
公社債及び株式の購入		③投資キャッシュフロー
公社債及び株式の売却		
公社債の満期償還	1,224,185	1, 1,385
その他	212,473	△1, 1,218
投資活動によるキャッシュ・フロー	△2,124,650	△4,684,175
財務活動によるキャッシュ・フロー		
短期有利子負債の純増減額（△は減少）	279,033	△1,038,438
長期有利子負債の増加	5,690,569	9,656,216
長期有利子負債の返済	△	④財務キャッシュフロー
親会社の所有者への配当金の支払額		
非支配持分への配当金の支払額	△54,956	△ 6,598
自己株式の取得（△）及び処分	△476,128	9,884
財務活動によるキャッシュ・フロー	362,805	2,739,174
現金及び現金同等物に対する為替変動の影響額	△141,007	220,245
現金及び現金同等物純増減額（△は減少）	495,645	1,002,406
現金及び現金同等物期首残高	①キャッシュの期首残高	4,098,450
現金及び現金同等物期末残高	⑤キャッシュの期末残高	5,100,857

ビジュアル分析ツールで CF チャート作成

　前述の数字 5 つと決算短信 1 ページ目先頭の売上をはっしゃんが公開している「**キャッシュフロー [CF] チャート　株初心者向けビジュアル分析ツール**」に入力すると、キャッシュフローのビジュアルチャートが作成できます。

 キャッシュフロー計算書を分析するなら 「キャッシュフロー [CF] チャート 株初心者向けビジュアル分析ツール」 http://kabuka.biz/funda/cf/

　先ほど見たトヨタ自動車の 2021 年 3 月期のキャッシュフロー計算書（CF）を使って、CF チャートを作成してみましょう。トヨタ自動車は国際財務報告基準 IFRS で決算を発表しているので、売上高が「営業収益」という欄に記されています。その数字を売上高の欄に入力します（※入力時にはアラビア数字のみを使用します）。

トヨタ自動車 2021 年 3 月期の CF

売上高　27 兆 2145 億 9400 万円

期首キャッシュ残高　4 兆 984 億 5000 万円

営業 CF　2 兆 7271 億 6200 万円

投資 CF　－4 兆 6841 億 7500 万円

財務 CF　2 兆 7391 億 7400 万円

期末キャッシュ残高　5 兆 1008 億 5700 万円

　これらの数字をツール内に入力して、「更新」を押すとカラーで CF チャートが表示されます。書籍にして見やすいように 2 色で作

図32　トヨタ自動車・2021年3月期のキャッシュフロー（CF）チャート

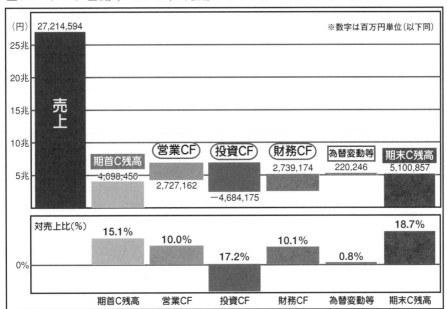

り直したのが**図32**です※。

　左から売上高の棒グラフに続いて期首のキャッシュ残高が表示され、営業CFのプラスを加え、投資CFのマイナスを減じ、プラスの財務CFを足し、為替差損などを調整したうえで、期末のキャッシュ残高に至る流れがビジュアル化されました。

現金及び現金同等物の残高

　それでは、①〜⑤について解説していきましょう。現金及び現金同等物の残高とは、会社がその決算期にどれだけの現金や預貯金など現金同等物を保有しているか、その残高を示したものです。

　企業活動には何かとお金が必要ですから、原則としては残高が大きいほど好ましいですが、利益を生み出すことに活用できていない

※　以下、CF、BS、PLの順で紹介するはっしゃんのビジュアル分析ツールを使ったチャート図は、すべて書籍用に見やすく作り直したものです。

現金が多く内部留保されていると資本効率が悪化しますので、投資家から敬遠されることもあります。また、極端に少ないと資金ショート＝倒産のリスクが高くなります。

その決算期に企業が現金を稼いで、期首（①）と比べて期末（⑤）に残高が増加していると、経営状況は良好と判断できます。

小幅のマイナスはあまり気にする必要はありませんが、3年5年単位で見ると右肩上がりに増加していくのが健全な状態です。

上場から日が浅い新興銘柄の場合、上場による資金調達でキャッシュ残高が非常に潤沢ですが、通常はその後、成長のための先行投資で減っていきます。

同様に増資や借り入れで資金を調達した場合も増加します。

営業キャッシュフロー（CF）

営業CFは、本業の営業活動で入ってくる現金で、プラスが大きいほど高評価になります。また、損益計算書（PL）で利益が出ているのに営業CFが小さな場合は、PL上の利益の内訳を確認する必要があります。

例えば、貸し倒れのための引当金や法人税負担でお金が入ってこず、最終利益は黒字なのに営業CFはマイナスというケースもよく見かけます。

逆に健全に急成長を遂げている企業の場合、営業CFが決算期間中に数倍に増えているケースもあります。販売している商品やサービスが大ヒットしている状態です。スマホ向けゲーム会社など小資本かつ高成長企業に多く見られるパターンです。

こうしたIT系企業の場合、製品やサービスの売上原価が低いため、売上高に占める営業CFの比率を示した**「営業キャッシュフロー（CF）マージン」**が50％超と非常に高い場合も見受けられます。

この「営業CFマージン」は、PLから計算される「売上高営業

利益率」よりも、よりリアルな稼ぐ力を表していると言えます。

スタートアップ直後の成長企業では、まだ営業 CF がマイナスの場合がありますが、キャッシュ残高に余裕があり、投資 CF もマイナスであれば、投資を優先している時期ということで、それほど問題はありません。しかし、上場から時間が経っても営業 CF が黒字化せず、キャッシュ残高に余裕がなくなってくると要注意です。

中には営業 CF がずっと赤字のまま、定期的に増資しては資金を食いつぶしているゾンビ企業のようなところもありますので注意しましょう。

また、経営不振で赤字に陥った企業でよくあるのが、本業が不振で営業 CF が大幅なマイナスに陥り、資産売却で投資 CF がプラス、増資などで財務 CF もプラスにして、なんとか資金繰りしているような状態です。このようなタイプは、キャッシュ残高に余裕がなく、倒産と背中合わせのケースも少なくありません。

投資キャッシュフロー（CF）

投資 CF は企業が積極的に新規投資を行って、企業規模を大きくしたり、さらなる成長を目指しているかどうかの目安ですので、成長株投資ではマイナスが大きいほどよい指標です。

逆に投資 CF がプラスになるのは異常（資産売却している）ですので、資金繰りに問題がないか確認が必要です。成長株投資では、投資 CF がプラスの企業は投資対象外になります。

投資 CF は、成長株投資にとって極めて重要な項目で、今後の成長に向けしっかり投資できているか（できれば 5 年程度さかのぼって）確認するようにします。投資 CF が大きく伸びた場合、その投資がうまく行けば、それ以降の期で成長率が加速する可能性が高くなるので、翌期以降の営業 CF で回収できているかに注目します。

投資 CF がマイナスなのに、営業 CF が増えないのは問題なので、

貸借代照表（BS）やPLで確認します。

　企業は設備投資や新規の人材採用など、新たに投資を行って成長します。大企業や成熟企業では、安定した営業CF基盤がありますので、投資CFは、営業CFのプラスを超えない範囲のマイナスが健全とされています。

　この営業CFと投資CFを足したものが**「フリーキャッシュフロー（FCF）」**です。FCFがプラスなら、企業が生み出すキャッシュの範囲内で投資している状態になります。

　しかしながら、成長途上にある成長企業では、まだ営業CFの稼ぐ力が十分ではないため、営業CFのプラスを超えて投資CFがマイナスになることもよくあります。このような場合に、営業CFの不足分をどうカバーするかと言うと、上場直後や増資直後でキャッシュ残高が十分な場合は残高の減少で、そうでない場合は、増資や借入を通じた財務CFのプラスで補うことになります。

財務キャッシュフロー（CF）

　財務CFは借り入れた資金に対する利払いや株主配当支出で、小さめのマイナスになるのが普通です。ただし、増資や新規借入などによる資金調達があったときは大きなプラスとなります。プラスの場合はどのような資金調達をしたのか確認します。

　ただし、成長企業の場合、特に高成長期の企業では、配当支出として財務CFで株主に還元するより、投資CFへの割当を重視する傾向があります。そのため、投資CFのマイナスを借入金で補充するなど、財務CFがプラスのケースが多くなります。

　特に新興企業で赤字経営が続いているような会社では、営業CFがマイナスでも、先行投資で投資CFもマイナスとなり、キャッシュが急速に流出します。上場直後は、資金も潤沢で問題ありません

が、キャッシュ残高が減少してくると、資金調達（財務 CF のプラス）で補う必要があります。しかし、赤字会社の資金調達は厳しく、増資の可能性も出てくるので（希薄化のため株価は下落する。第 4 章コラム⑥を参照）、注意が必要です。

　大きな有利子負債を持たない優良企業の場合、財務 CF は配当支出だけの小幅マイナスとなり、営業 CF のプラスで投資 CF と財務 CF のマイナスを充当できる高財務になります。

　この形はキャッシュフローの理想とされますが、経営安定という面での評価であり、成長株投資の視点から見ると「3 年で売上・利益 2 倍」が期待値ですから物足りないとも言えます。

CF チャートの簡易評価について

　CF チャートの下にはキャッシュフローの簡易評価も表示されます。簡易評価では、営業 CF、投資 CF、財務 CF のプラス、マイナスの組み合わせと期末キャッシュ残高が期首より多いか少ないかで、4 段階評価しています（次ページの**図 33**）。

　図の中で「期首残高＜期末残高」の状態で「営業 CF ＋ 投資 CF － 財務 CF －」だったり「営業 CF ＋ 投資 CF － 財務 CF ＋」の場合は、本業で＋の現金収入があって、その一部を投資に回して成長しようとしているということで◎の評価にしています。

　逆に「期首残高＞期末残高」の状態で「営業 CF － 投資 CF ＋ 財務 CF ＋」「営業 CF － 投資 CF ＋ 財務 CF －」「営業 CF － 投資 CF － 財務 CF ＋」「営業 CF － 投資 CF － 財務 CF －」は×印の評価になります。

　ビジュアルチャートとプラスマイナス評価から企業の資金繰り状況をイメージできるようになってください。

　また営業 CF マージンについては、以下の 4 段階で評価しています。

図33　キャッシュフロー計算書（CF）の評価基準

■期首残高より 期末残高が多い場合	■期首残高より 期末残高が少ない場合
◎ 営業 CF＋ 投資 CF－ 財務 CF－	△ 営業 CF＋ 投資 CF－ 財務 CF－
◎ 営業 CF＋ 投資 CF－ 財務 CF＋	△ 営業 CF＋ 投資 CF－ 財務 CF＋
○ 営業 CF＋ 投資 CF＋ 財務 CF－	△ 営業 CF＋ 投資 CF＋ 財務 CF－
○ 営業 CF＋ 投資 CF＋ 財務 CF＋	△ 営業 CF＋ 投資 CF＋ 財務 CF＋
△ 営業 CF－ 投資 CF＋ 財務 CF＋	× 営業 CF－ 投資 CF＋ 財務 CF＋
△ 営業 CF－ 投資 CF＋ 財務 CF－	× 営業 CF－ 投資 CF＋ 財務 CF－
△ 営業 CF－ 投資 CF－ 財務 CF＋	× 営業 CF－ 投資 CF－ 財務 CF＋
△ 営業 CF－ 投資 CF－ 財務 CF－	× 営業 CF－ 投資 CF－ 財務 CF－

> 優良な成長企業の条件は毎年、営業活動でしっかり現金収入を得てその範囲内で成長のための投資活動を行なっていること。
> 借入をして投資資金に充てる場合も今後の成長につながる可能性が高いので◎。いずれの場合も毎年、現金残高は増えていく

営業 CF マージンの評価基準

◎優良 （15% 以上）

○普通以上 （10% 以上）

△イマイチ （10% 未満）

×NG （赤字）

　トヨタ自動車の場合、売上高に対してどれだけの現金が入ってくるかを示す営業 CF マージンが 10% ちょうどで、コロナ禍の影響を受けて低下しています。また、前期は約 3628 億円のプラスだった財務 CF が 2.7 兆円以上に増加しており、借金を大幅に増やしていることが分かります。

　一方、例年にないほど突出しているのが投資 CF のマイナス額。コロナ禍でありながら、実に 4.6 兆円以上を投資に回しています。モビリティカンパニーに脱却するための「攻めの投資」と考えるこ

ともできるでしょう。

　営業 CF のプラスをはるかに上回る投資 CF のマイナスを財務 CF の大幅プラスでまかなった形ですが、コロナ禍に大きな借金をして投資したことを示します。その成果が今後現れてくることに期待する判断もできます。

　はっしゃんが「トヨタ自動車を成長株として見ている」のは、このような理由からです。

高成長 IT 企業ラクスの CF チャート

　最初に日本一の優良企業トヨタ自動車を紹介しましたが、成長株に多い IT 系企業や上場直後の新興企業のキャッシュフローはどうなっているでしょうか?

　図 34 は第 1 章で過去 5 年分の業績の伸びを見た、クラウド型

図34　ラクス・2021年3月期のキャッシュフロー（CF）チャート

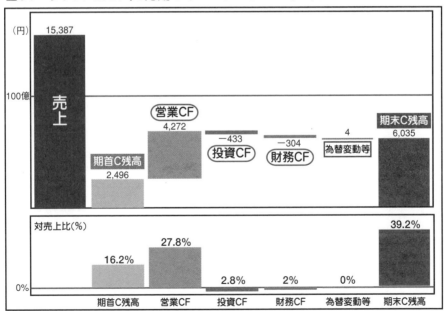

経費精算システム「楽楽精算」のラクス（3923）の2021年3月期決算のキャッシュフロー計算書（CF）をビジュアル化したものです。

　注目したいのは、期首に25.0億円だったキャッシュ残高がビジネス拡大による営業CFの増加で期末には60.4億円まで増えていること。財務CFは株主配当金の支払いでマイナスですが、それでも現金が2倍以上と大幅に増えており、さらに投資を続けて事業の拡大が可能です。

　IT企業の場合、店舗や工場など巨額の設備投資が必要ないので、投資CFのマイナスは営業CFのプラスの1割程度。投資にそれほどコストをかけなくても現金を生み出せるビジネスモデルが特徴です（IT企業のコストは主に人件費や研究開発費として営業CFの段階でマイナスとして相殺されます）。

　ラクスはすでに高成長企業ですが、将来的にはM&Aで稼ぎ頭の「楽楽精算」に続く新規事業を買収することも必要になるかもしれません。投資CFのマイナス幅の拡大は「さらに成長したい」という意欲の表れとも言え、成長企業として評価できる点になります。

赤字経営が続くIT企業マネーフォワードのCFチャート

　マネーフォワード（3994）も企業向け会計自動化ソフトや個人向け家計管理ツールをクラウドで提供しているIT企業です。

　成長途上のIT企業には企業買収や人員増強などで売上が拡大しているものの、赤字経営のケースが多いですが同社もその一例です。

　同社の2020年11月期の経営成績を見ると、売上は58.1%増と2期連続で50%以上も伸びていますが、25.4億円の経常赤字でした。

　その経営状態をCFチャート（**図35**）で見ると、営業CF、投資CFのマイナスを「株式の発行による収入49.8億円」、つまり増資を含む財務CFのプラスでまかなう形になっています。

図35　マネーフォワード・2020年11月期のキャッシュフロー(CF)チャート

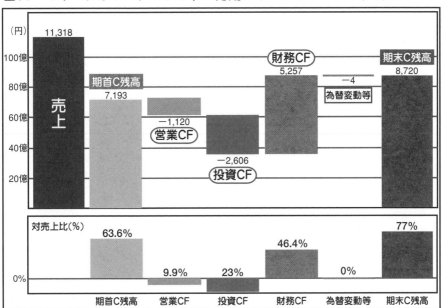

　赤字成長企業によくあるパターンですが、銀行からの借り入れで
なく、増資で資金を調達できるのはビジネスモデルが投資家に評価
されている表れとも言えます。

　ただし現状は、増資で得た資金で新規投資を続けても、赤字で会
社にキャッシュが入ってこない状況です。赤字経営が解消され営業
CFがプラスに転じてこないと、順調な成長軌道に乗ったとは言え
ません。

　長期投資を考えるなら、売上の拡大だけでなく、営業CFのマイ
ナス幅が順調に減っているかを時系列でも確認すべきでしょう。

IPO したばかりの企業 FFJ の CF チャート

　Fast Fitness Japan（7092）は24時間営業の「エニタイムフィッ
トネス」をフランチャイズ展開しており、2020年12月に新規上場

したばかりの IPO 企業です。

2021 年 3 月期決算は、コロナ禍の影響もあって売上高 1.5% 減、経常利益は 20.3% 減の減収減益でした。

CF チャート（**図 36**）を見ると、営業 CF はすでにプラス転換、売上に占める営業 CF マージンも 17.5% と店舗型施設を展開している企業としては高めです。特にコロナ禍の逆風で営業 CF マージンの水準が高いことは興味深い点ですが、これは同社がフランチャイズ店の開拓に力を入れ、フランチャイズ店舗オーナーからのロイヤリティという、利益率の高い収入が多くなっているためです（第 1 章で紹介したワークマン〈7564〉と似ています）。

IPO で調達した 38.7 億円や銀行からの借入金で財務 CF が 48.4 億円のプラスになっており、今後は調達した資金でさらに店舗を増やしていくことができるでしょう。

IPO 銘柄の CF チャートは、上場時に資金調達したことで財務

図36 Fast Fitness Japan・2021年3月期のキャッシュフロー(CF)チャート

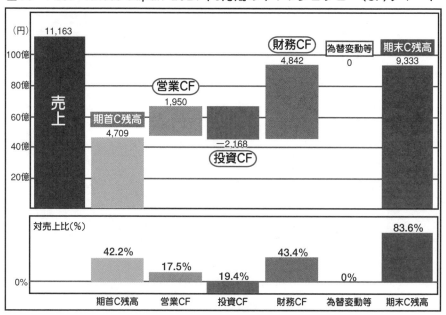

CF が大きなプラスになっている点が特徴です。今後、調達した資金をどのように投資に回し（投資 CF のマイナス）、営業 CF のプラスを伸ばしていくかを時系列で追っていくことになります。

成長倒れ企業クックパッドの CF チャートとは？

　日本最大の料理レシピサイトを運営するクックパッド（2193）は 2009 年 7 月に上場を果たし、2016 年 12 月期まで急成長が続きました。しかし、その後はライバル企業の台頭による有料会員数の頭打ちや海外進出の失敗、加えて経営陣の内紛もあり、減収減益傾向が鮮明になりました。

　図 37 は、売上収益が前期比 5.6% 減、税引前利益が 49.9% 減に終わった 2020 年 12 月期の CF チャートです。

　成長倒れ企業には、ペッパーフードサービス（3053）やホープ

図37　クックパッド・2020年12月期のキャッシュフロー（CF）チャート

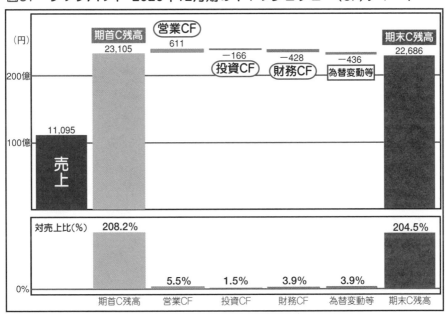

（6195）のように事業を広げすぎて失敗し巨額赤字や債務超過に転落するパターンが目につきます。

それらと比べ、クックパッドは自己資本比率が88％と高く、しかも、その多くが現預金です。CFチャートでも、期中の営業・投資・財務CFに対する期首・期末の現金残高が突出して多く、経営破たんの心配はありません。

ただし、潤沢な現金を新しいビジネスに活かしきれていないことが成長倒れ、株価の長期低迷につながっています。2018年12月期からは、生鮮食品のeコマース事業を始めているものの、まだ利益を生み出すには至っていません。

新しいビジネスが成功すれば、潤沢な資金をつぎ込む余力はあり、成長軌道に戻る可能性は残されています。財務的に復活可能性のある不振企業と言ったところです。

過去5年間のキャッシュフロー計算書(CF)で見る神戸物産

売上・利益の伸びと同様、財務三表も時系列で過去5年分さかのぼることで、その企業に起きている変化、成長の芽や減速懸念を探ることができます。

そこで「業務スーパー」を全国展開する神戸物産（3038）の2016年10月期から2020年10月期まで5期分のキャッシュフロー計算書（CF）の数字を順番に見ることで、成長企業のCFがどのように変化していくか疑似体験してみましょう（図38）。

5年間のCFの推移を見て目を引くのは、売上の拡大とともに営業CFが2016年10月期の119.6億円から2020年10月期の195.4億円まで順調に伸びている点です。

売上だけでなく本業から得られる現金収入も着実に増えていることから、順調に成長が続いていることが分かります。特に、2019

図38　神戸物産の過去5年のキャッシュフロー計算書(CF)

（数字の単位は百万円）

2016年10月期　売上高　239,266

	期首残高	営業	投資	財務	為替変動等	期末残高
	59,317	11,962	-2,480	-4,522	-1,093	63,183
売上比	24.8%	5.0%	1.0%	1.9%	0.5 %	26.5 %

この期以降の投資 CF のマイナス拡大は積極投資の証拠。さらなる成長に期待

2017年10月期　売上高　251,503

	期首残高	営業	投資	財務	為替変動等	期末残高
	63,183	13,661	-3,071	457	527	74,758
売上比	25.1%	5.4 %	1.2%	0.2%	0.2 %	29.7%

2018年10月期　売上高　267,175

	期首残高	営業	投資	財務	為替変動等	期末残高
	74,758	13,693	-4,936	-11,388	183	72,310
売上比	28.0%	5.1%	1.8%	4.3 %	0.1%	27.1%

2019年10月期　売上高　299,616

	期首残高	営業	投資	財務	為替変動等	期末残高
	72,310	19,217	-9,498	-12,373	58	69,718
売上比	24.1 %	6.4%	3.2%	4.1%	0.0%	23.3%

2 年続けて財務 CF マイナス＝借金返済で堅実経営

2020年10月期　売上高　340,870

	期首残高	営業	投資	財務	為替変動等	期末残高
	69,718	19,543	-17,314	-3,704	42	68,285
売上比	20.5%	5.7%	5.1 %	1.1%	0.0%	20.0%

売上高とともに営業 CF が
5 年で 120 億円から 195 億円に
順調に伸びているのが成長の証

年10月期はタピオカブームの追い風もあって、営業CFが前期の130億円台から190億円台に躍進しています。

　同社はあまり無理をせず、各決算期のプラスの営業CFの範囲内で新規投資や負債の返済を行っていることも分かります。成長企業でありながら、非常に堅実な経営をしていることになります。

　それは今後、急成長を続けるより、成熟した優良企業に変貌する前兆かもしれません。食品流通としては、ここ数年で企業規模もかなり大きくなり、準大手といったところまで来ています。成長がいきなり止まってしまうと株価には悪影響ですが、投資CFのマイナスを増やし、それをさらなる売上や利益の成長につなげられるかに注目したいところです。

　このようにCFには「経営の変化」が示されており、特に投資CFを通じて「成長性の変化」を読みやすいという特徴があります。気になる変化を見つけたら、決算短信の経営成績に関する説明や決算発表の際の決算説明資料を見て、どういう理由でその変化が起きているのかをチェックしてみましょう。

貸借対照表（BS）を見える化して財務力を分析

　貸借対照表は「バランスシート（BS）」とも呼ばれ、資産の状況を左側の借方（資産の部）と右側の貸方（負債と純資産の部）で表したものです。左側と右側の金額は常に等しくなります。
●借方に表示されるのは「総資産（企業が借りたお金の明細）」
●貸方に表示されるのは「純資産（企業自体が持っているお金の明細）＋負債（投資家や金融機関など外部が企業に貸したお金の明細）」
　となります（決算短信では上下に並べて表示されます）。

　次ページの**図39**は、はっしゃんが成長株としてもウォッチして
いる総合ITシステム会社の老舗・富士通（6702）の2021年3月
期のBSです。

　富士通と言えばすでに大企業ですが、コロナ禍以降は政府のDX
（デジタルトランスフォーメーション）施策の恩恵を受け、新たな
成長ステージに入りつつあります。

　BSは、資産の部（借方）と負債及び資本の部（貸方）の2ペー
ジ構成の場合も多く、科目構成はかなり複雑です。ただ、成長株投
資の場合は下の6種類の数字をピックアップして要点だけ見れば
OKです（成長株投資では、資産自体が割安かどうか評価する必要
がないため）。

　とにかく6種類だけでよいので覚えておきましょう。その6つと
は、

●借方：　　　　　　　　　　**●貸方：**
　①当座資産　　　　　　　　　**④流動負債**
　②（その他）流動資産　　　　**⑤固定負債（非流動負債）**
　③固定資産（非流動資産）　　**⑥資本（純資産）**

になります。

　当座、流動、固定（非流動）という言葉が出てきますが、当座＞
流動＞固定の順で後ろになるほど「現金化しづらく」「不良化して
いる可能性のある」資産や負債になります。

　ちなみに、これら用語の使われ方も会計基準によって異なり、日
本基準では「固定」と呼ぶところを米国基準やIFRSでは「非流動」
と呼ぶなど、多くの相違点があります（注意すべき「のれん代」に
ついては141ページのColumn④で後述します）。

「当座資産」は流動資産に含まれ、その中でも換金性の高い資産の
合計です。バランスシートの借方のどの科目が当座資産で、どの科
目が流動資産かは慣れるまでピンとこないので注意が必要ですが、

図39 富士通2021年3月期の貸借対照表と注目すべき6つのポイント

連結財務諸表及び主な注記
（1）連結財政状態計算書

①当座資産 ← 流動資産の中でも現金やすぐに現金化しやすい資産

（単位：百万円）

	注記番号	前年度末 （2020年3月31日）	当年度末 （2021年3月31日）
資産			
流動資産			
現金及び現金同等物		451,857	481,832
売上債権		879,454	859,930
その他の債権		93,428	48,769
棚卸資産 ②流動資産		238,070	237,013
その他の流動資産		214,130	233,333
（小計）		1,876,939	1,860,877
売却目的で保有する資産		14,182	12,215
流動資産合計		1,891,121	1,873,092
非流動資産			
有形固定資産		570,170	569,593
のれん		36,709	41,239
無形資産 ③固定資産（非流動資産）		107,213	120,459
持分法で会計処理されている投資		150,719	154,396
その他の投資		131,765	176,891
繰延税金資産		106,636	76,661
その他の非流動資産		193,112	177,875
非流動資産合計		1,296,324	1,317,114
資産合計		3,187,445	3,190,206
負債及び資本			
負債			
流動負債			
仕入債務		478,970	468,139
その他の債務		390,917	358,425
社債、借入金及びリース負債		199,450	174,268
未払法人所得税		50,652	32,183
引当金 ④流動負債		51,769	60,680
その他の流動負債		192,767	194,757
（小計）		1,364,525	1,288,452
売却目的で保有する資産に直接関連する負債		1,083	1,045
流動負債合計		1,365,608	1,289,497
非流動負債			
社債、借入金及びリース負債		206,119	142,057
退職給付に係る負債 ⑤固定負債（非流動負債）		190,353	149,994
引当金		30,652	26,615
繰延税金負債		10,370	8,451
その他の非流動負債		35,908	26,687
非流動負債合計		473,402	353,804
負債合計		1,839,010	1,643,301
資本			
資本金		324,625	324,625
資本剰余金		237,654	241,254
自己株式 ⑥資本（純資産）		△59,614	△79,495
利益剰余金		735,920	909,139
その他の資本の構成要素		2,371	54,616
親会社の所有者に帰属する持分合計		1,240,956	1,450,139
非支配持分		107,479	96,766
資本合計		1,348,435	1,546,905
負債及び資本合計		3,187,445	3,190,206

図40　流動資産の中の「当座資産」と「その他流動資産」の分け方

主な当座資産

現金　預金　現金同等物

受取手形　売掛金　未収金

営業債権　有価証券　その他金融資産

> 現預金が最も流動性が高い。売掛金も通常はすぐ現金化できる

その他の流動資産

商品　製品　棚卸資産　販売用不動産

仕掛品　原材料　貯蔵品　未収品

前払い費用　貸付金　引当金 etc.

> 製品化するための原材料や販売前の製品など。不良在庫の可能性も

原則として、**図40**のような当座資産の科目が資産の部の上のほうに記載されています。

　はっしゃんがWeb上で公開している**「バランスシート［BS］チャート　株初心者向けビジュアル分析ツール」**に、この6種類の数字を入力すると、BSチャートが表示されます。流動資産を当座資産とその他の流動資産に分けて入力する点に注意してください。

貸借対照表＝バランスシートを見える化！

「バランスシート［BS］チャート
株初心者向けビジュアル分析ツール」
http://kabuka.biz/funda/bs/

　富士通のBSをチャートにして見える化したものが次ページの**図41**になります。

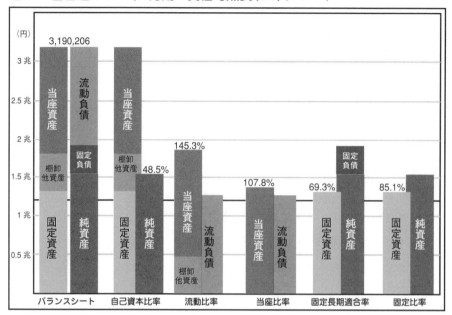

図41　富士通・2021年3月期の貸借対照表（BS）チャート

　富士通はかつて大手家電メーカーの一角でしたが、海外との価格競争に敗れ、長らく低迷しました。しかし、最近は事業リストラを推進して財務体質が改善し、先ほどのDXをはじめシステムソリューションに特化した総合IT企業へと変貌を遂げています。

　BSチャートを見ても、固定比率が85.1％と固定資産を純資産の範囲内でまかなっていて、リストラに成功したあとのスリム化した経営体質がよく表れています。

BS チャートの簡易評価について

　貸借対照表（BS）分析ツールのBSチャートの下には、財務状況の簡易評価が表示されますが、その基準は、

●**自己資本比率：高いほどよい**

●**流動比率：高いほどよい**

●**当座比率：高いほどよい**

●**固定長期適合率：低いほどよい**

●**固定比率：低いほどよい**

となります。

それぞれの項目について説明していきましょう。

自己資本比率

「自己資本比率」は入力を簡略化するために「純資産÷総資産」で計算しているので、決算短信に実際に記載されている自己資本比率（［純資産から少数株主持ち分などを引いた自己資本］÷総資産）よりも高めに算出されます。

考え方はキャッシュフロー計算書（CF）の現金残高と同じで、高いほど安全性が高くなりますが、高すぎると資本効率が悪くなります。

ツールで算出している自己資本比率の評価基準は、

「◎**優良（50％以上）、○普通（20％以上）、△イマイチ（10％以上）、×NG（10％未満）」**

となります。

流動比率

「流動比率」は「流動資産÷流動負債」で計算し、短期で返済すべき負債に対して、その何パーセントの短期的な資産があるかを表します。高いほど財務体質が優良であることを示します。

ツールで算出している流動比率の評価基準は、

「◎**優良（200％以上）、○普通（100％以上）、△イマイチ（70％以上）、×NG（70％未満）」**

の評価になります。

当座比率

「当座比率」は「当座資産÷流動負債」で計算し、短期で返済すべき負債に対して、現金や売掛金・手形などすぐに現金化できる資産が何パーセントあるかを表します。「流動比率」以上に厳しい見方になり、高いほどキャッシュが潤沢であることを示します。

なお、流動比率に比べて当座比率が極端に低い場合は、商品在庫や販売用不動産が不良化している可能性があり、注意が必要です。

ツールで算出している当座比率の評価基準は、

「◎優良（150%以上）、○普通（70%以上）、△イマイチ（50%以上）、×NG（50%未満）」

の評価となります。

固定長期適合率

「固定長期適合率」は「固定資産÷（固定負債＋純資産）」で計算します。固定資産には会社の収益を生み出すための工場、倉庫、買収した会社ののれん代などがありますが、こうした資産を安定性の高い純資産や固定負債でまかなえているかを見る指標です。この指標は、低いほど高評価になります。

ツールで算出している固定長期適合率の評価基準は、

「◎優良（80%以下）、○普通（100%以下）、△イマイチ（120%以下）、×NG（120%超)」

としています。

固定比率

「固定比率」は「固定資産÷純資産」で、固定資産を純資産でまかなえているかどうかを見るための指標です。100%以下であれば、借入金など負債に頼らず企業自身が持つ純資産の範囲内で固定資産を保有していることになるので、財務面で見て、とても優秀です。

　ツールで算出している固定比率の評価基準は、

「◎優良（100％以下）、○普通（120％以下）、△イマイチ（150％
以下）、×ＮＧ（150％超）」

という評価になります。

　投資判断としては、各評価が◎か○であれば特に問題なし。△が
あると注意です。成長株の場合は△が出ることもありますが、×が
一つでもあれば投資対象から外したほうがよいでしょう。

ネット通販系大型成長株メルカリの BS チャート

　貸借対照表（BS）に関しても成長企業や新規上場直後の IPO 銘
柄の事例、さらに負債をバネにして収益力を高める高 ROE 経営を
志向する企業、成長倒れの事例などを具体的に見ていきましょう。
　まず、年率 40％ 超の増収という高成長が続くフリマアプリのメ
ルカリ（4385）の 2020 年 6 月期の BS チャートが次ページの図 42
です。
　同社は 2018 年 6 月上場。売上は急成長していますが、2020 年 6
月期の最終赤字が 227.7 億円に達し、自己資本比率は 17.9％ と脆弱
です。よい意味で見るなら、赤字をいとわず規模を追求する積極性
の表れと言えます。
　そして、BS チャートの評価は合格点で、流動比率は 153.7％、当
座比率は 124.3％ と○評価です。流動資産の大半は 1357.5 億円の現
金及び預金なので短期的な資金繰りはまったく問題ありません。
　顧客がフリマで使った決済金などの預かり金 839.5 億円（流動負
債）や固定負債に属する長期借入金 515.5 億円が、この現金及び預
金 1357.5 億円とバランスしている形になります。
　また、固定長期適合率は 32.7％ で◎、固定比率も 81.2％ で◎評

価になります。これは、財務面で問題が出ない範囲内で、成長投資を目一杯続けている状況と評価できます。

2020年6月期のキャッシュフロー計算書（CF）を見ると、それまで赤字だった営業CFが125.3億円のプラスに転換、そこから投資CFのマイナス26.5億円を引いたフリーキャッシュフロー（FCF）も98.8億円と初めてプラス転換し、利益を生む成長企業になりつつあるようです。

このようにBSは止まった状態の財務を示しているので、CFや損益計算書（PL）もあわせて見ることで、利益や現金を生み出す体制が整いつつあるか確認しましょう。

2021年6月期決算は49.8億円の経常黒字に初転換し、次の段階へとステージアップしつつあるメルカリ。今後は利益成長をどこまで伸ばせるかで成長株として評価されることになるかもしれません。

図42　メルカリ・2020年6月期の貸借対照表（BS）チャート

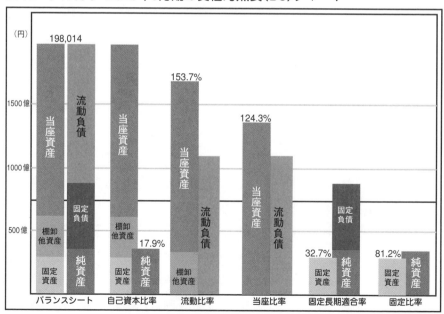

上場からまもない IT 企業ビザスクの BS チャート

　コンサルタントと企業のマッチングサービスを手がける IT 企業のビザスク（4490）は 2020 年 3 月の上場。上場まもない新興企業の貸借対照表（BS）は、上場で調達した豊富な自己資本をバックに、自己資本比率も流動比率も固定比率も◎の状態が多くなります。

　特に、店舗や工場が必要のない IT 系企業やコンサルタント、アウトソーシングなど人材を集めれば事業が回るビジネスモデルの場合、**図 43** のビザスクの 2021 年 2 月期の BS チャートのように、流動負債や固定負債が、保有する現金及び預金（流動資産）や純資産に比べて、極めて少ない高財務体質になります。

　BS からは IPO による調達で資金が潤沢にあることしか分からないので、こういった IT 系やコンサル系の新興企業の場合、損益計

図43　ビザスク・2021年2月期の貸借対照表（BS）チャート

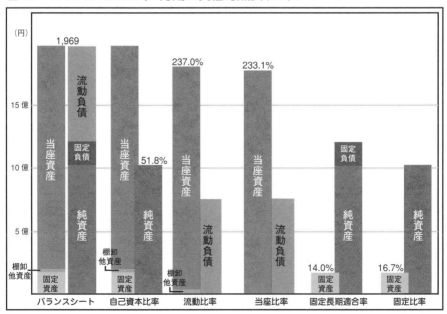

算書（PL）やキャッシュフロー計算書（CF）を丹念に見ることで、その成長力や収益力を確かめることが重要です。

その後のビザスクですが、2021年8月に米国Coleman社を子会社化することを発表しました。上場で調達した豊富な資金を活用して、成長のためにグローバル展開を加速している点は評価に値します。

高ROE企業ソニーのBSチャート

財務レバレッジを利かせて、少ない資本で大きな利益を上げる経営スタイルはレバレッジ（ROE）経営と呼ばれ、ソフトバンクグループ（9984）や楽天グループ（4755）などがその典型例です。そんな高ROE企業の場合、負債が大きいので、BSチャートの評価値は流動比率、固定比率ともに△や×など低評価になります。

また高ROE企業はソフトバンクグループのように複雑な投資活動を行っていたり、楽天グループのように銀行、証券、保険業務などを連結しているので、BSに限らず財務三表が複雑で、その詳細を読み解く難易度は高くなります。

そんな中では比較的分かりやすいソニー（6758）の2021年3月期をBSチャートでグラフ化しました（**図44**）。ソニーと言うと、冒頭で取り上げた富士通と同様に、かつては家電メーカー的なイメージがありましたが、両社の自己資本比率は対照的です。

富士通の自己資本比率は48.5%※（2021年3月期BSより）と高く、家電部門はリストラしてITソリューションに特化した「身の丈経営」が特徴でした。一方のソニーは、半導体やスマートフォン、ゲーム機の販売も行っていますが、ソニー銀行などの金融部門や米国中心の映画・音楽といった娯楽部門など、多角化経営を進めています。

図44　ソニー・2021年3月期の貸借対照表（BS）チャート

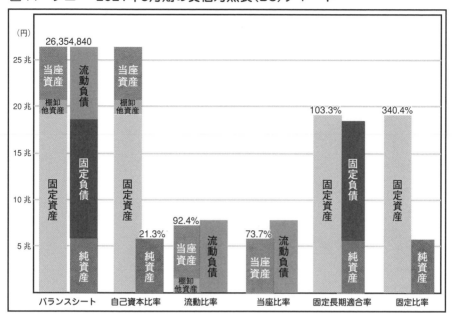

　そのため自己資本比率が21.3%しかなく、ソフトバンクグルー
プに近い高ROE経営タイプに属します。そして、2021年3月期の
BSビジュアルチャートの評価は、

○自己資本比率21.3% ※

△流動比率92.4%

○当座比率73.7%

△固定長期適合率103.3%

×固定比率340.4%

となっており、財務健全性という意味ではネガティブです。身の
丈以上の経営で株主資本に対して高い収益を上げようとすると、こ
のように財務面の指標は悪くなります。

　負債を多く抱えても高収益力があれば「稼ぐ力のある優良企業」

※　はっしゃんのビジュアルBSチャートでは「純資産÷総資産」で単純計算
　しているので実際の自己資本比率より高めに出ています。

と評価されます。しかし、負債が多い分、2008年9月のリーマンショックや2020年3月の新型コロナショックのような非常事態になると株価が売り込まれやすいので注意しましょう。

ソニーのBSチャートから分かることは、同社がもはやメーカーというよりも投資会社、金融会社的な側面が強いということです。その経営スタイルに成長性があるかどうかは、BSだけ見ていてもよく分かりません。売上や利益の伸びを時系列で見て、キャッシュフロー計算書（CF）できちんと現金を稼いでいるか調べたうえで判断するほうがよさそうです。

BSチャートから見た成長倒れ企業ホープ

絵に描いたような成長企業が、巨額損失で債務超過状態に転落した例と言えるのが、第1章でも見た、自治体向けの電力販売を行っていたホープです。

急成長企業としてテンバガーを達成しながら、2021年1月に日本卸電力取引所における電力価格の高騰で多額の損失を被り、債務超過に陥ったホープの2021年6月期第3四半期のBSチャートが**図45**になります。この期のBSの内容を、危機が起こる前の2021年6月期第2四半期と比べてみましょう。

危機前の第2四半期のBSチャートの数字と評価は、
「○自己資本比率32.8%　○流動比率158%　◎当座比率150.4%
◎固定長期適合率13.6%　◎固定比率16.7%」
で高評価でした。

自己資本比率が32.8％と少し低く、流動比率が158％と流動負債が若干高めですが、その他は◎評価になります。

ただし、細部をよく見ると、流動負債の中の買掛金47.1億円が現預金の43.6億円や売掛金37.5億円に比べて、かなり大きな額ま

図45　ホープ・2021年6月期第3四半期の貸借対照表（BS）チャート

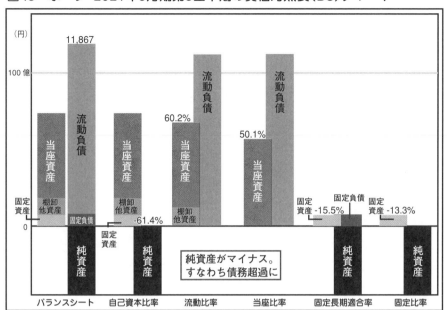

で膨らんでいます。

　この部分が掛け取引で購入した電力購入額になっていて、次の四半期に債務超過に陥る「時限爆弾」になっていた、ということが結果論として言えます。

　危機後の第3四半期のBSチャートの評価は、

「×自己資本比率－61.4%　×流動比率60.2%　△当座比率50.1%」

と急激に悪化しました。

　さらに見ると、自己資本比率がマイナスで債務超過に陥った一番の理由は、流動負債の買掛金が前期の47.1億円から倍以上の97.3億円に膨らみ、流動負債全体も53.9億円から倍以上の112.1億円に激増したことです。

　これは、掛けで仕入れていた電力購入費用という流動負債が、価格高騰や懲罰金の発生によって大きく膨らんだことが原因です。そのため現預金が43億円から10億円に急減。それだけで流動負債

の増加をまかないきれず、約30億円あった純資産がマイナス45億円となり、債務超過に転落しました。

固定資産、固定負債はそれほど増減していないので、純粋に電力取引での短期的な大失敗が経営をゆるがすことになってしまいました。

ところで、この破たんリスク、予見できたでしょうか？

電力取引にこれほどのリスクがあったとは一般の個人投資家には分かりかねるところです。ただ、ホープの成長エンジンは自治体向けの広報ビジネスというより、市場で調達した電力を自治体に販売する際の「さや抜き」という金融取引だったことは決算短信の概況欄を読めば分かりました。

当然、そこにはリスクがあること、加えて冬季の電力スポット価格の高騰で変調サインが出ていたことが事前に分かってもおかしくはなかったかと思います。

しかし、たった1四半期が経過するだけで、ほぼ経営破たんの危機に瀕するところまで悪化するとは、予想できなかったのではないでしょうか。

結果論になりますが、どんな企業でも**急成長の裏には経営リスクが潜在している**ことを理解しておきましょう。そして、第1章のコラムで述べた含み損を一切持たない「損切りルール」の重要性について考えてみましょう。

過去5年間の貸借対照表（BS）で見た神戸物産の成長

貸借対照表（BS）は「負債＋純資産＝総資産」という簿記を使って、会社の規模を示したものです。

そのため、成長株のBSを時系列で見ていくと、会社の規模がどんどん大きくなっていく様子を数字で体感できます。

神戸物産の2016年10月期〜2020年10月期の5期分のBSの数

字や比率を順番に並べてみると（次ページの**図46**）、自己資本比率が5年間で17%から40%まで着実に増加しているのが目を引きます。

　成長するということは利益が増えることです。増えた利益の一部は投資に回され、経営が安定してくると、株主配当金にも回されます。しかし、その大半は「利益剰余金」という形で自己資本に組み込まれます。成長するにしたがって自己資本比率が上昇し、高財務企業に変貌していくというのが成長企業の理想的な財務ストーリーになっていることが、神戸物産の5期分のBSチャートの推移から読み取れます。

　しかも、流動負債を当座資産で完全にまかなえていて、固定資産も2020年10月期には純資産の範囲内で収まっている（固定比率100%以下になっている）ことから、成長にともなって神戸物産が財務面でも優良な企業に変貌していることがよく分かります。

　成長株投資でBSを分析対象とするのは、成長の伸びというよりも成長倒れかどうかを判断するときが多いものです。その評価は骨が折れるものですが、やはりポイントとなるのは時系列の変化です。ビジュアルツールとその評価を利用すると分析を簡略化でき、さらに時系列で見るとより高い精度で評価できるでしょう。

　逆にBSを確認するほどの懸念がなければ、第2章で説明したように、**自己資本比率と純資産の変化を見るだけ**で問題ありません。

成長株投資とバランスシート分析

　ここまで見てきたように、実は財務三表の中でも貸借対照表（BS＝バランスシート）は、成長株投資では、それほど重要なファクターではありません。

　理由は、成長株投資では、資産自体が割安かどうかを評価しない

図46　神戸物産の過去5年の貸借対照表（BS）

（数字の単位は百万円）

2016年10月期　バランスシート　133,199

当座資産	流動資産	固定資産	流動負債	固定負債	純資産
76,573	86,604	46,595	29,796	80,772	22,630

注目

自己資本比率	流動比率	当座比率	固定長期適合率	固定比率	
17.0%	290.7%	257.0%	45.1%	205.9%	

2017年10月期　バランスシート　144,484

当座資産	流動資産	固定資産	流動負債	固定負債	純資産
88,794	100,342	44,141	37,925	76,491	30,066

自己資本比率	流動比率	当座比率	固定長期適合率	固定比率	
20.8%	264.6%	234.1%	41.4%	146.8%	

2018年10月期　バランスシート　144,276

当座資産	流動資産	固定資産	流動負債	固定負債	純資産
88,315	99,333	44,942	38,288	66,214	39,774

自己資本比率	流動比率	当座比率	固定長期適合率	固定比率	
27.6%	259.4%	230.7%	42.4%	113.0%	

2019年10月期　バランスシート　150,154

当座資産	流動資産	固定資産	流動負債	固定負債	純資産
87,922	98,864	51,289	47,315	52,270	50,568

自己資本比率	流動比率	当座比率	固定長期適合率	固定比率	
33.7%	208.9%	185.8%	49.9%	101.4%	

2020年10月期　バランスシート　148,175

当座資産	流動資産	固定資産	流動負債	固定負債	純資産
87,356	102,156	46,019	46,906	41,999	59,268

自己資本比率	流動比率	当座比率	固定長期適合率	固定比率	
40.0%	217.8%	186.2%	45.4%	77.7%	

自己資本比率が5年で17%から40%まで向上している。
毎年の利益で純資産が順調に増加しているため、
固定比率も低下。財務体質がどんどん健全化している。
流動負債が増えて流動比率、当座比率は悪化している
ものの、負債を活用して利益成長を続けているので問題ない

ため、必要以上に深入りすることがないからです。

第2章の決算書速読10ヵ条で見たように、決算短信1ページ目の項目で「純資産が大きく減少」したり、「自己資本比率が大きく悪化」したときには、バランスシートを確認する必要がありますが、そのような変化は想定外ですから、確認できたときには調べるまでもなく「利益確定」もしくは「損切り」して終わることになります。

従って、BSの推移を確認するのは、成長鈍化の兆候を探る場合や、同業他社と比較する場合などが中心になります。

ただし、BSから算出される自己資本比率やROE（株主資本利益率）といった指標は、成長企業の企業価値（理論株価の算出）に決定的な役割を果たしていますので、間接的に大きな影響力を持っていると言えます。

これらについては、第4章と第6章で解説します。

損益計算書（PL）を見える化して利益率を分析

財務三表の中で最も株価との連動が分かりやすいのが損益計算書（PL）です。

PLでは「売上高」「営業利益」「経常利益」「純利益」などが順を追って並んでいますが、本書でたびたび触れてきた、

「売上が2倍になれば利益は2倍になり株価も2倍になる」

というキーワードは、まさにPLと株価の関連を述べたものです。

成長株投資における売上と利益の考え方は、第1章で決算短信1ページ目冒頭の伸び率を見る方法を説明しました。ここでは、PLチャートとして「見える化」することで、売上に対する原価率や利益率がどうなっているかを見ていきます。

はっしゃんの**「損益計算書［PL］チャート　株初心者向けビジュアル分析ツール」**に入力する項目は次ページの9項目になります。

損益計算書を
見える化！

「損益計算書［PL］チャート
株初心者向けビジュアル分析ツール」
http://kabuka.biz/funda/pl/

①**売上高**：IFRS や米国会計基準の場合は「営業収益」と呼ばれています。

②**売上原価**：仕入れ価格や光熱費などです。

③**販管費**：人件費や広告宣伝費です。

④**営業外収益**：営業外の金融収入などです。

⑤**営業外費用**：営業外の金融支出などです。

⑥**特別利益**：資産売却益などです。

⑦**特別損失**：固定資産の評価損などです。

⑧**法人税等**：支払い法人税です。

⑨**会計基準**：日本基準か IFRS か米国基準かを選択します。

　営業利益や経常利益は売上と費用からツールで自動計算されます。数字が正しく入力できていたら、PL チャートが表示されます。

売上総利益：売上－売上原価。**粗利益**（あらりえき）とも呼ばれます。

営業利益：売上総利益－販管費。

経常利益：営業利益－営業外収支。成長株投資で最も重要です。

税引前利益：経常利益－特別損益。IFRS や米国基準ではこちらを使います。

純利益：税引前利益－法人税等。最終利益とも呼ばれます。

　PL チャートには上段と下段の 2 つのエリアがあり、上段では売上、費用、利益が階段状に表示され、下段では、5 種類の利益率の

他、売上原価率、販管費率などが表示されます。

超優良ファブレス企業キーエンスの PL チャート

　損益計算書（PL）に関しても成長株候補になりやすい IT 企業や新規株式公開して間もない IPO 企業、成長倒れに終わった企業などから具体例を見ていきます。まずは、超優良企業の PL チャートを見てみましょう。

　図47 は工場の自動化に必要不可欠なセンサで高い技術力・開発力を誇るキーエンス（6861）の 2021 年 3 月期の PL チャートです。同社はセンサの設計や販売のみを手がけ、製造は外部に委託するファブレス（工場を持たない）経営を行っています。

　そのため、売上総利益率 81.9%、営業利益率 51.4% という高利益率が目を引きます。競合他社が真似できない商品やサービスを手が

図47　キーエンス・2021年3月期の損益計算書（PL）チャート

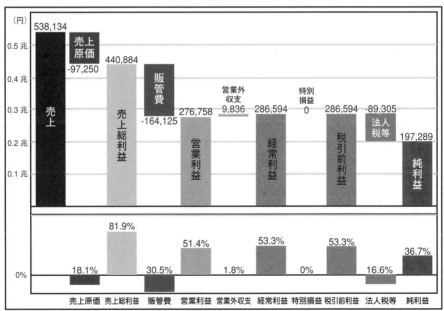

けていたり、ニッチな市場で独占的な市場シェアを持つ企業では、利益率が高くなる傾向があります。キーエンスはその両者をあわせ持つ会社です。

利益率とは表裏の関係にある売上原価や販管費といった経費や費用が売上高に占める割合にも注目します。高利益率のキーエンスには、まったく隙や問題がありませんが、分析する業種や企業によっては、売上原価率が高かったり、販管費比率が年々低下しているなどの特徴があり、それが弱みや強みになってきます。

急成長ネット通販 MonotaRO の PL チャート

図48は建設現場の資材などをネット通販して急成長しているMonotaRO（3064）の2020年12月期の損益計算書（PL）チャートです。売上総利益率28.4%、営業利益率12.5%、経常利益率12.5%、

図48　MonotaRO・2020年12月期の損益計算書（PL）チャート

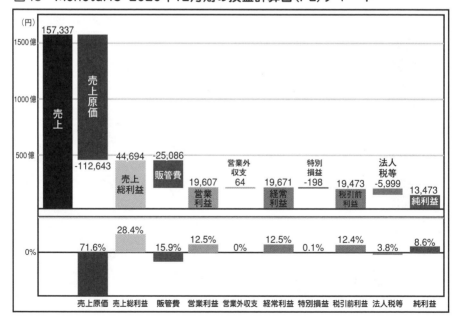

純利益率 8.6% で、税引前利益と純利益から逆算した実効税率は30.8% となっています。

　同社はネット通販の会社ですが、売上原価率が 71.6% を占めているように基本は薄利多売の流通業で、利益率は高くありません。ただ、経常利益率 12.5% がこの業種で高いか低いかは単独では分かりません。

　そこで、同じくネット経由で文具などオフィス用品を販売するアスクル（2678）と比較してみましょう。

　アスクルの 2021 年 5 月期の PL から各段階の利益率を計算すると、売上総利益率 24.7%、営業利益率 3.3%、経常利益率 3.3%、純利益率 1.8%、実効税率 31.2% になりました。

　売上高は MonotaRO が 1573.4 億円に対して、アスクルは 4221.5 億円。つまり、会社の規模はアスクルが 3 倍近く大きいわけですが、経常利益は MonotaRO が 196.7 億円なのに対して、アスクルは 138.5 億円です。

　両社の売上総利益率と経常利益率を比べてみると（アスクルはこの期、福島県沖地震の被害による特別損失を計上しているので純利益の比較は意味がありません）、

売上総利益率　MonotaRO 28.4%　アスクル 24.7%
経常利益率　MonotaRO 12.5%　アスクル 3.3%

　となり、売上総利益率で約 4%、経常利益率では販管費の少なさが貢献して 10% 近くの差がつきました。

　よく似たネット通販業態ですが、MonotaRO はより専門性が高く、利益率の高い商品に特化している強みもあり、利益率では圧勝となりました。

　MonotaRO はここ数年、利益率の高い PB 商品の開発に力を入れ

ていますが、利益率がさらに上がるか注目です。PL では、利益の
伸びだけでなく、利益率の向上を時系列と同業他社比較で見ること
も大切です。

新規上場・赤字経営 *freee* の PL チャート

クラウド型会計ソフトの freee（4478）は 2019 年 12 月に新規上
場したばかりですが、赤字が続いています。

図49 は 2020 年 6 月期の同社の PL チャートです。この期の売
上高は前期比 52.7% 増の 69.0 億円で、売上は順調に伸びています
が、売上原価 15.6 億円、販売管理費 80.2 億円といった経費が収益
を圧迫して、29.4 億円の経常赤字になっています。

特に売上高の 116.3% にも達する販管費が重石になっているのが
分かります。決算短信の概況欄を読むと、同社のビジネスはサブス

図49　freee・2020年6月期の損益計算書（PL）チャート

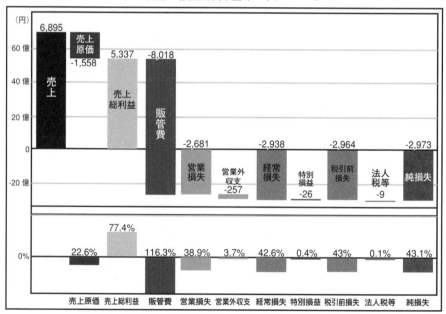

134

クリプション（定期購買）方式のストック型収益モデルで、システム開発費用やユーザー獲得費用が先行して計上されるため、短期的には赤字が先行する、と書かれていました。

　現在は先行投資のために広告宣伝費などの販管費が膨らんでいる状況というわけです。同社は、最新の2021年6月期の本決算でも27.2億円の経常赤字で、赤字経営から脱却できていません。この期のPLでも、売上高は前期比48.8%増の102.6億円に対して、販管費は106.0億円と売上高を上回って推移しており、先行投資が続いているようです。

　投資が実際に花開くかどうかを継続して見ていく必要があるでしょう。

成長倒れの鳥貴族ホールディングスのPLチャート

　成長倒れに終わった企業のPLチャートも見ておきましょう。

　焼き鳥居酒屋チェーンを全国展開して急成長した鳥貴族ホールディングス（3193）は、2017年7月期に増収ながら減益になりました。さらに2017年10月には、1品280円だった焼き鳥を298円に値上げしたことで客離れが加速。成長倒れに陥り、株価も2018年以降、急落しました。

　値上げに踏みきったあとの2018年7月期の同社のPLチャートが次ページの図50になります。

　客離れが進む中、新規店舗をオープンすることで売上は前期比で15.8%、経常利益は13.1%伸びていますが、不振店舗の閉鎖など特別損失が響き、純利益は前期比31.6%減の6.6億円まで落ち込みました。

　成長企業が成長のための投資で減益なら、次期以降の業績に期待感を持てますが、不振店舗のリストラという後ろ向きの減益は株価

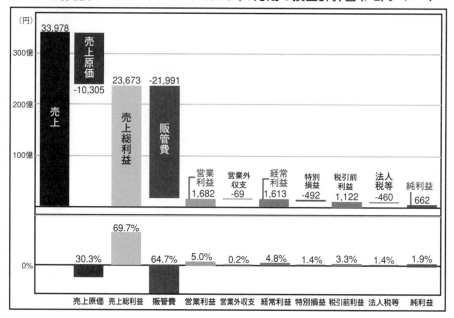

図50　鳥貴族ホールディングス・2018年7月期の損益計算書（PL）チャート

の急落を招きます。

　同社のビジネスモデルは低価格での薄利多売でしたが、売上から売上原価率と販管費比率を差し引いた営業利益率は5.0%しかありません。この低利益率で、既存店が不振、それも出店過多による自社競合によるものとなっては、もうこれ以上の成長は望めないと判断されても仕方ないでしょう。

　外食産業の場合、都市部への進出で認知度が高まり、売上・利益が倍々ゲームで増えるフェーズでは、業績や株価も順調です。外食系でテンバガーを達成した企業は、ここ数年程度でも、串カツ田中ホールディングス（3547）、「焼肉きんぐ」の物語コーポレーション（3097）、「かつや」のアークランドサービスホールディングス（3085）、「丸亀製麺」のトリドールホールディングス（3397）、「いきなり！ステーキ」のペッパーフードサービスなど多数あります。

　しかし、海外進出という新たな成長ステージを除くと、日本全国

に店舗網を広げきったところで成長が足踏みしてしまうので、店舗数や商圏人口などから**成長限界を想定しておく**必要があります。

　鳥貴族ホールディングスの場合は「値上げ」が客離れにつながりましたが、予想できた方も多いのではないでしょうか。顧客視点で考えれば案外分かるものなのです。

　外食や小売系全般に言えることですが、決算書の中の数字を時系列で追うだけでも、原価率の上昇や利益率の低下などから、熱しやすく冷めやすい消費者心理を感じることができます。

神戸物産の過去 5 年分の損益計算書（PL）

　損益計算書（PL）についても 5 年分を連続して見ることで、増収増益が続いているかどうかや、経費率や利益率の変化を把握できます。

　神戸物産の 2016 年 10 月期から 2020 年 10 月期の PL の数字を見ると（次ページの**図 51**）、売上が順調に伸びる中、売上原価はそれほど減っていませんが、販管費の比率を減らすことで、営業利益率が 4.9% から 7% までじわじわと向上しています。

　売上成長という規模のメリットを生かして販管費を減らす経営努力の賜物と言えるでしょう。

　利益率を上げる努力は理論株価の上昇に直結し、実際の株価もその分、上昇しやすくなります。第 1 章と第 2 章でも、

「売上が 2 倍になれば利益は 2 倍になり株価も 2 倍になる」

　という話をしましたが、本当によい成長株というのは、売上に対して 2 倍以上の利益、2 倍以上の株価をプレゼントしてくれるものです（理論株価については第 6 章で解説します）。

図51　神戸物産の過去5年の損益計算書（PL）

（数字の単位は百万円）

2016年10月期		対売上比率
売上高	239,266	
売上原価	-201,467	84.2%
売上総利益	37,799	15.8%
販管費	-25,965	10.9%
営業利益	11,833	4.9%
営業外損益	-3,104	1.3%
経常利益	8,729	3.6%
特別損益	-349	0.1%
税引前利益	8,379	3.5%
法人税等	-3,622	1.5%
純利益	4,757	2.0%

2017年10月期		対売上比率
売上高	251,503	
売上原価	-211,055	83.9%
売上総利益	40,448	16.1%
販管費	-25,842	10.3%
営業利益	14,606	5.8%
営業外損益	1,173	0.5%
経常利益	15,778	6.3%
特別損益	-2,692	1.1%
税引前利益	13,086	5.2%
法人税等	-4,684	1.9%
純利益	8,402	3.3%

2018年10月期		対売上比率
売上高	267,175	
売上原価	-227,402	85.1%
売上総利益	39,773	14.9%
販管費	-24,051	9.0%
営業利益	15,722	5.9%
営業外損益	109	0.0%
経常利益	15,831	5.9%
特別損益	180	0.1%
税引前利益	16,011	6.0%
法人税等	-5,417	2.0%
純利益	10,594	4.0%

注目

2019年10月期		対売上比率
売上高	299,616	
売上原価	-252,486	84.3%
売上総利益	47,130	15.7%
販管費	-27,891	9.3%
営業利益	19,239	6.4%
営業外損益	196	0.1%
経常利益	19,434	6.5%
特別損益	-1,339	0.4%
税引前利益	18,095	6.0%
法人税等	-6,255	2.1%
純利益	11,839	4.0%

2020年10月期		対売上比率
売上高	340,870	
売上原価	-295,671	86.7%
売上総利益	45,198	13.3%
販管費	-21,347	6.3%
営業利益	23,851	7.0%
営業外損益	-206	0.1%
経常利益	23,646	6.9%
特別損益	-1,415	0.4%
税引前利益	22,231	6.5%
法人税等	-8,032	2.4%
純利益	14,198	4.2%

小売流通業という業態のため利益率は低いものの販管費を抑えることで営業利益率がじわじわと向上している点が評価できる。優良な成長株はスケールメリットから利益率が増えていく

まとめ：
成長株投資における「財務三表」の重要ポイント

　第3章では「財務三表」の数字をビジュアル化して、成長株投資でかかわることが多くなるタイプの企業の業績を見てきました。

　どんな株を狙うかによって決算書の見方は変わってきます。本書のテーマである「成長株候補を発掘する」という点に関して重要なのは、以下のようなポイントになります。

キャッシュフロー計算書（CF）のポイント

●営業CFで、現金を稼いでいるかを確認し、営業CFマージンで収益力を確かめる。営業CFマージンは10％以上が望ましい。

●投資CFがマイナスで、企業が成長のためにしっかり投資しているかを見る。投資CFのマイナスは営業CFのプラスの範囲内が望ましいが、成長企業では財務が毀損しない程度は許容する。

●上場から日の浅いIPO企業の場合はキャッシュ残高の比率が大きいが、これを投資CFに変えて成長への投資が順調か注視する。スタートアップ段階では、キャッシュ残高が潤沢であれば、営業CFの赤字も許容できる。

貸借対照表（BS）のポイント

●少ない負債で大きな資産を生み出すことが成長力の源泉になるが、大きな負債を活用し、より大きな利益を生み出すレバレッジ（ROE）経営も高く評価される。

●上場から時間が経過していないIPO企業のBSは当座資産が潤沢であり、これを活用して成長につなげられるかが重要。高財務体質であっても現金を持っているだけの企業は評価されない。

●成長の鈍化は BS にも兆候が現れるため、怪しいと思ったら時系列で自己資本比率や ROE（株主資本利益率）の変化を見る（自己資本比率や ROE が低下していたら要注意。ROE については第 4 章で詳しく説明します）。
●純資産や自己資本比率が大きく悪化したら成長株投資の対象から外す。

損益計算書（PL）のポイント

● PL における「売上が 2 倍になれば利益は 2 倍になり株価も 2 倍になる」を原則に、将来を予測して投資するのが基本。
●決算短信 1 ページ目で業績の伸びを時系列で追う一方、PL では「売上原価率」「販管費比率」「経常利益率」などの変化を時系列で確認する（時系列分析の具体的な手法は第 5 章で紹介します）。
●成長企業や上場から日が浅い IPO 企業は年度変動が大きく、増収率や増益率も大きく変わりやすい。従って、時系列や同業他社との比較で見ることが大切。

　次の第 4 章では、成長株の企業価値という視点から、代表的な投資指標である株価収益率（PER：Price Earning Ratio）と株主資本利益率（ROE：Return On Equity）について検証します。

【はっしゃん Column ④】
成長企業の「のれん代」と「EBITDA」

　成長企業は自社ビジネスを拡大するだけでなく、他社を買収して子会社にすることで売上や利益を成長させていきます。「時間を買う」といった表現が用いられますが、M&A も企業が大きくなるための成長源です。

　そこで成長株投資では、M&A の買収金額と買収した会社の純資産の時価評価額の間に生じた差額**「のれん代」**に注目しておく必要があります。のれん代は貸借対照表（BS）の資産の部の固定資産の欄に記載されています。

　例えば、100 億円で買収した企業の純資産の時価評価額が 80 億円の場合、その差額の 20 億円がのれん代になります。20 億円余分に払った代わりに、純資産とは別にその会社の無形の価値を手に入れたことにして、それを無形固定資産として計上するわけです。

　日本基準の会計制度では、その後、**最長 20 年にわたって、のれん代を減価償却していく**のが原則です。工場や機械などの固定資産と同様に、時間をかけて「のれん」という資産を取り崩して費用として計上していくわけです。

　一方、IFRS や米国会計基準では、のれん代を毎年、減価償却する必要がありません。その**価値が著しく下がったとき、目減りした分をまとめて損失計上する**形になっています。積極的に M&A を行う成長企業にとっては、毎年のれん代を減価償却してその分、会計上の利益が圧迫されることのない IFRS や米国基準のほうが好都合になります。

　そのため、M&A に積極的な成長企業では、会計基準を IFRS に変更するケースが目立ちます。東証では 233 社（2021 年 8 月現在）

が IFRS 会計を適用しています。その多くは海外に進出し、海外投資家にアピールしたい会社ですが、積極的に M&A を繰り返している成長株の中にも IFRS 会計を採用している企業はたくさんあります。

　例えば、そーせいグループ（4565）、エムスリー（2413）、トリドールホールディングス、クックパッド、カカクコム（2371）、リクルートホールディングス（6098）、インターネットイニシアティブ（3774）といったあたりがそうです。

「負ののれん代」とは何か？

　通常の企業買収では、純資産の時価評価額より高い価格でその企業を買うことが多いので、のれん代はプラスになります。

　しかし、中には、純資産の時価評価額を下回る金額で企業買収するケースもあります。赤字が続く経営不振企業を安く買い叩いて買収した場合などがその例です。これが **「負ののれん代」** と呼ばれるもので、資産には計上されず、買収した決算期の利益として処理することになっています。

　この会計制度をうまく活用して、不振企業を次々と買収することで負ののれん代で利益計上し、業績を躍進させたのが本業はプライベートジム運営企業の RIZAP グループ（2928）でした。

　同社も M&A を繰り返す会社なので IFRS で会計を行っていますが、2017 年 3 月期の税引前利益は、不振企業を次々と買収して、大きな負ののれん代を計上することで、前期比 242.2％増、つまり 3 倍以上の 96.0 億円に伸び、株価も大きく上昇しました。

　同社は負ののれん代で利益を上げるだけでなく、不振企業を再生して黒字化することで成長を続けるビジネスモデルを掲げ、次々と赤字経営の上場企業などを買収しました。

2017年3月期の同社の売上・利益とキャッシュフロー計算書（CF）の営業CFを比較すると、その状況が非常によく分かります（**図52**）。

同決算期の売上高は買収による負ののれん代の利益計上で前期比76.7%増の953.0億円まで拡大し、経常利益も96.0億円まで伸びました。しかし、営業CFは売上高の0.2%に過ぎない1億7555万円しかありません。つまり、華々しく利益は伸びたものの、そのほとんどが負ののれん代なので現金がほとんど入ってきていない状態だったことが分かります。

決算短信の「財務状態に関する分析」の「②キャッシュフローの状況」欄には、負ののれん代発生にともなう70.7億円が営業活動によるキャッシュフローの減少要因と書かれています。税引前利益96.0億円のうち、実に7割以上が負ののれん代によるものでした。

RIZAPグループの株価はこの利益成長で急騰し2017年11月末には1400円台※になり、1年間で約7倍高を実現しました。しか

図52　RIZAPグループの2017年3月期の売上・利益と営業キャッシュフロー

し、このビジネスモデルは**買収した不振企業を再生して、利益を生み出せる**ようになってこそ、初めて成長につながるものです。

　実際は純資産より安い価格で買収したものの、赤字を垂れ流す結果になり、その後は不振企業の赤字やそれら企業の売却損が利益を圧迫。2019年3月期には194.2億円という巨額の最終赤字を計上し、そのビジネスモデルは崩壊しました。

　RIZAPグループのようにM&Aで負ののれん代を利益計上するのは例外的です。多くの成長企業は純資産より高い買収金額で企業買収し、貸借対照表（BS）の資産の部に計上します。しかし、そのM&Aが失敗した場合はIFRSでも日本基準でも、いつかは減損処理を迫られます。

　資産として計上された**のれん代は、いきなり消滅して巨額損失に化ける可能性がある**。M&Aを成長源にしている成長企業では、M&Aの成功・失敗に注意を払っておく必要があります。

経常利益の代わりに EBITDA を開示する企業

　成長企業の中には、決算短信の経営成績の欄に、経常利益や税引前利益の代わりに「**EBITDA**（Earnings Before Interest, Taxes, Depreciation and Amortization)」を掲載している企業もあります。

　図53のオイシックス・ラ・大地（3182）などがそうです。EBITDAは税引前利益に支払い利息や減価償却費、のれん償却額などを加えて算出した利益のことです。

　成長企業の場合、特にM&Aののれん代や大型投資の減価償却費が利益を圧迫する要因になることもあり、成長のためにM&Aを積極的に推進する企業は、のれん代を償却する前の利益で評価してほしいことから、あえてEBITDAを掲載しているようです（オイシックス・ラ・大地の会計は日本基準ですが、前述のように会計基準を

図53　オイシックス・ラ・大地の決算短信とEBITDA

オイシックス・ラ・大地の決算短信冒頭の経営成績欄

１．2021年3月期の連結業績（2020年4月1日〜2021年3月31日）
（１）連結経営成績　　　　　　　　　　　　　　　　　　　　　　　（％表示は対前期増減率）

	売上高		営業利益		EBITDA（※１）		親会社株主に帰属する 当期純利益	
	百万円	％	百万円	％	百万円	％	百万円	％
2021年3月期	100,061	40.9	7,465	202.6	8,902	147.6	5,031	536.7
2020年3月期 （※２）	71,040	11.0	2,467	6.7	3,595	14.0	790	△66.9

（注）包括利益　　2021年3月期　　4,901百万円（574.5%）　2020年3月期　726百万円（△69.5%）
（※１）EBITDAは、営業利益＋減価償却費＋のれん償却額としています。

経常利益ではなくEBITDAが記載されている

EBITDA　「イービットディーエー」、
「イービッダー」などと読む
＝ 金利支払いや税金、減価償却費
を差し引く前の利益

金利負担や設備投資、M&A にともなう減価償却費、特にのれん代償却費など、投資が利益を圧迫している成長企業の実力を測るために使われることが多い。また税制の異なる海外企業の比較にも使われる。より現金収支に注目した利益と言える

日本基準から IFRS などに変更する方法もあります）。

　オイシックス・ラ・大地は、有機野菜の宅配事業を手がけていますが、その過程で、同業の宅配事業を行う「らでぃっしゅぼーや」、「大地を守る会」、移動スーパー「とくし丸」などを買収しており、2021 年 3 月期の貸借対照表（BS）の「無形固定資産」の項目にのれん代 17.0 億円を計上しています。

　のれんの減価償却費用を利益から差し引くと、現金は流出していないのに利益だけが減ってしまうため、あえて EBITDA を決算短信に掲載しているわけです。ちなみにオイシックス・ラ・大地の2021 年 3 月期の営業 CF を見ると 88.2 億円で、営業利益の 74.7 億円を上回り、EBITDA の 89.0 億円とほぼ同額で、現金収支も営業利益を超えているのが分かります。

　M&A に積極的なことは評価されていいので、経常利益の代わりに EBITDA を用いた決算発表を行っていること自体にはまったく問

題はありません。ただし、のれん代として計上している買収企業が、しっかり利益を上げ現金を生み出しているかを損益計算書（PL）やキャッシュフロー計算書（CF）でチェックすることが大切です。

　EBITDAは潜在的な事業価値を示す指標ですが、前述のRIZAPグループのように、買収企業が成長倒れとなり、赤字を垂れ流しているような場合は、その企業の減損処理や売却で特別損失を計上する可能性も出てくるので注意しましょう。

　オイシックス・ラ・大地の他にEBITDAを前面に出している企業としては、リクルートホールディングスやデジタルホールディングス（2389）などがあります。そのほか、メディアドゥ（3678）のように、決算短信には記載していないものの、決算説明会資料などでEBITDAをKPI（重要業績評価指標）として採用している企業もあります。いずれもM&Aに積極的な企業です。

　ちなみに、はっしゃんは、EBITDAを前面に出している企業であっても企業価値は、経常利益で評価するようにしています。

第4章

入門書には載ってない
「PERとROEの"深い"分析法」

~ポピュラー指標をナナメから見て
「未来の企業価値」を探る~

PER をビジュアル化して考える

　第3章では、財務三表を見える化して解説しましたが、本章では PER（株価収益率）や ROE（株主資本利益率や自己資本利益率と呼ばれる）といったポピュラーな指標をビジュアル解説します。

　PER は株式投資の入門書で教わる、誰でも知っている指標です。

PER ＝ 株価 ÷ EPS（1 株純利益）

　一般的に株価が割高か割安かを測る指標として知られる PER ですが、初心者向けの簡単な指標というわけではなく、むしろ使い方の**難しい指標**です。

　早速ですが、PER をビジュアル化してみましょう。はっしゃんは PER や PBR（株価純資産倍率）などの人気指標をまとめて見える化する**「株価診断チャート」**というツールも Web 上で公開しています。

 成長株の
PERやROEを
調べるときに　　**「株価診断チャート」**
http://kabuka.biz/funda/dx/　

　このツールに、

①**現在の株価**

②**BPS**（Book-value Per Share ＝ 1 株純資産）

③**自己資本比率**

④**EPS**（Earnings Per Share ＝ 1 株純利益）

　の 4 項目を入力すると、その銘柄の

PBR（Price Book-value Ratio ＝株価純資産倍率）

PER（Price Earnings Ratio ＝株価収益率）

ROA（Return On Assets ＝総資産利益率）

ROE（Return On Equity ＝株主資本利益率）

　をビジュアル化してチャート表示できます。皆さんも注目株のデータを決算書から入力してビジュアル表示させると、その特徴がよく分かり、参考になると思います。

BPS と PBR

　BPS は会社が持つ純資産を発行済株式で割ったもので、純資産が1株あたり何円かを示した指標です。株価をこの BPS で割ったものが PBR で、株価が純資産の何倍まで買われているか示した指標です。

　BPS は、決算書1ページ目の（2）財政状態欄に純資産などといっしょに掲載されていますので、そこから値を入力します。同じ欄から自己資本比率も入力できます。

EPS と PER

　EPS は純利益が1株あたり何円かを示した指標です。そして、株価を EPS で割ったものが、株価が EPS の何倍まで買われているかという PER になります。

　EPS は本決算であれば、決算書1ページ目の（1）経営成績欄に実績値が掲載されていますので、そこから入力できます。

ROA と ROE

　ROA と ROE は第3章で学んだ貸借対照表（BS）から見た利益を見る指標で、ROA は総資産から生み出される利益の割合、ROE は自己資本（≒純資産）から生み出される利益の割合を表します。

ROA からは資産効率、ROE からは資本効率を見ることができます。

ソニーとキーエンスの*PER*と*ROE*の比較

　図54はソニー（6758）の株価診断チャートです。2021年3月期の決算短信に掲載されたソニーのBPSは4499.45円、自己（株主）資本比率は21.2%、EPSは952.29円で期末の2021年3月31日の株価の終値は1万1595円でした。

　これらの数字をツールに入力すると、各指標がビジュアル化され、左から、

自己資本比率、PBR、PER、ROA、ROE

が並んで表示されます。

　ソニー株のPERはチャート中央に表示され、12.2倍になっています。長いほうの棒グラフが株価で、短いほうがEPSですが、株

図54　ソニーの2021年3月期時点の株価診断チャート

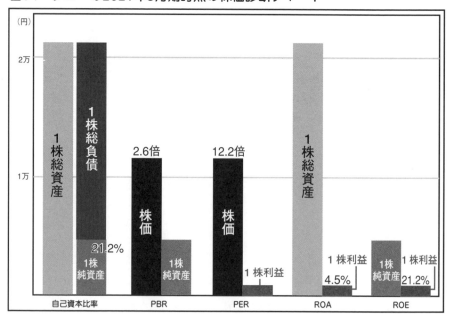

価は EPS12.2 個分の高さになります。日本株全体の平均 PER は約
15 倍ですから、PER12 倍のソニーは平均以下と言えます。

　同じく ROE は右端に表示されて 21.2% となっています。ROE は、
純資産に対する利益の割合で資本効率を表しますが、日本株の平均
ROE は 10% 程度なので、ソニーの ROE が優秀なことが分かります。

　一方、**図55** は FA センサで世界トップクラスのキーエンス（6861）
の株価診断チャートです。こちらも 2021 年 3 月期末の株価 5 万
270 円と決算短信に記載された BPS7887.16 円、自己資本比率
95.2%、EPS813.47 円を入力すると、中央に示された PER は 61.8 倍。
ソニーの 5 倍以上になりました。EPS を 61.8 年分積み上げて、よ
うやく株価の棒グラフに到達します。

　同じく右端の ROE は 10.3% です。純資産に対する利益の割合は
10 分の 1 程度で、日本株の平均的な値となりました。ソニーと比
較すると半分程度です。

図55　キーエンスの2021年3月期時点の株価診断チャート

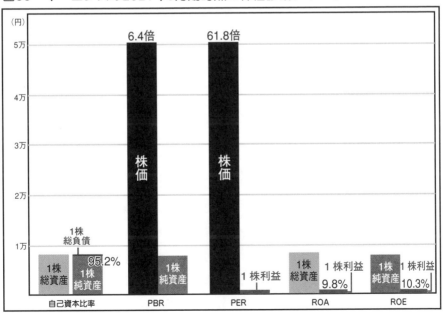

PER の基本的な考え方

　このようにビジュアル化することで、EPS を何年分積み上げる
と株価に到達するかという PER を捉えやすくなります。

　同様に ROE も表示されていますが、こちらは EPS と BPS を比較
した指標であることが分かります。PER と ROE は、分母と分子の
違いがありますが、どちらも EPS を使った指標で、株価と比べる
か BPS と比べるかの違いと分かります。

　ソニーとキーエンスは、ともに時価総額の大きな大型株に属しま
す。時価総額自体も 2021 年 3 月時点ではキーエンス約 13 兆円、
ソニー約 14.6 兆円でソニーのほうが高かったのですが、2021 年 3
月末時点の PER に関しては 5 倍以上の差があります。

　PER だけで考えると、ソニーは割安でキーエンスは割高だから、
ソニーのほうがお買い得と考えがちです。しかし、株価が割高なの
は、逆に言うと、**投資家の人気や信頼の裏返し**でもあります。

　実際の株式市場では、PER で見ると割高な株がさらに買われ、
割安な株は割安のまま放置されることが多いものです。

　なぜでしょうか？　重要なのは、PER がどうして今の評価にな
っているのか、その理由を理解することです。

PER が意味すること

　PER の計算式は「株価 ÷ EPS」ですから、その変動要因は株価
と EPS の 2 つです。分子の株価が安くなれば PER は低下しますが、
分母の EPS が増えても PER は低くなります。

　ここで「PER は株価が割安か割高かを測るものさし」という固
定観念があると、EPS の変動を軽視してしまいがちですが、実は

「ものさし」としてはEPSの変化も非常に重要です。

　例えば、株価が一定の場合、PER60倍のキーエンスのEPSが翌年、2倍になればPERは30倍になり、その翌年も2倍になればPER15倍まで低下します。PER15倍というのは、日本株の平均的なPER水準になりますが、キーエンスは「（何年後かに）EPSが4倍になったものさし」で株価が計算されているわけです。

　PERの高い株には、「この企業には成長力があってEPSが増えるので、PERが高くなっても買いたい」という期待感があります。その期待を表しているのがPERという指標ですから、「PERが低いほど割安でお買い得」という固定観念ではなく、**「PERはEPSの成長期待を示したもの」**と考えることが大切です。

PERと将来の期待EPS

　ソニーのPERは約12倍ですが、将来のEPSが2倍になるとPERは半分の6倍まで低下します。そうすると、株価も2倍まで上昇してもおかしくありません。

　第1章から繰り返してきたキーワードは、

「売上が2倍になれば利益は2倍になり株価も2倍になる」

　ですが、利益をEPSと置き換えても同じで、

「売上が2倍になればEPSは2倍になり株価も2倍になる」

　となります。

　PERの計算式の分母であるEPSの期待値が変化し、これからEPSが増加するだろうという期待感が生まれれば、買いたい投資家が増え、それが織り込まれることで、株価は上昇します。

　短期的には、新商品が発売されたり、映画や音楽がヒットしたりと、業績の期待値に影響を与えるイベントは頻繁にあります。中長期では、今期の会社予想がベースになりますが、期待値の高い成長

株であるほど、2年先3年先の業績まで先回りして期待されること
になります。

　このように株価が変動する要因は、PERで言うと、EPSの期待
値変化ですが、それが（決算発表直後を除いて）一般の個人投資家
に見えにくいため、PERという指標は分かりにくく、難しいわけ
です。

一般に算出されるPER
● PER ＝株価÷EPS
　（一般的に決算書の今期予想EPSが固定で用いられる）
投資家が見ているPER
● PER ＝株価÷期待EPS
　（期待EPSの基準は投資家によっても違う）

　一般的なPERは、決算書の今期予想EPSが固定的に用いられて
算出されますが、投資家が見ているのは、将来の期待EPSであって、
その期待EPSから見て、現在の株価は割安か割高かと考えている
わけです。

　それを、現在のEPSとPERで30倍や60倍だから割高と言って
も、あまり意味がないことが分かりますね。ここで重要なのは、将
来の**期待EPSの根拠や実現性**。「株価がPER何倍という市場評価
になっている理由は何か？」を解き明かすと、投資のヒントが見つ
かるかもしれません。

ROEを町のお弁当屋さんで考える

　次に、成長株にとってPER（株価収益率）と同等または、それ
以上に重要な指標であるROE（株主資本利益率）について、今度

は町のお弁当屋さんを例に見ていきます。

　PERが株価とEPS（1株純利益）を比較する指標だったのに対して、ROEはBPS（1株純資産）とEPSを比較していましたね。

　まず、ROEの計算式を紹介すると、

ROE＝純利益÷純資産（％）

　となり、純資産（≒自己資本）が生み出す利益の割合を表します。

　では、なぜROEなのでしょうか？　それは、ROEの高い企業ほど**成長力が高い**からです。それを、町のお弁当屋さんを例に説明しましょう。

　ある町に店を構えるA店とB店の2つのお弁当屋さんは、それぞれ200円の弁当を仕入れて400円で売っているとします。

　A店は20万円の資本金を元手に、1000個の弁当を仕入れて販売しています。一つ200円ですから1000個だと元手いっぱいまで使って仕入れることになります。全部売れると、売上は40万円で利益は20万円です（単純化するため経費などは除きます）。

　一方、B店もA店と同様に20万円の資本金を元手に、こちらはA店の2倍、2000個の弁当を仕入れて販売しています。資本金の2倍の仕入れ金額になるので、仕入れに際しては、借金や後払いで行っています。こちらは全部売れると売上は80万円で利益は40万円です。

　A店とB店は、どちらも元手は同じ20万円ですが、弁当がすべて売れれば、B店の利益はA店の2倍になります。

　B店は借金や売れ残りのリスクは大きいですが、その分、**ビジネスとしての儲けは大きい**わけです。

　これを、ROEを使って説明すると、

● A店は元手20万円、利益20万円でROE100％

● B店は元手20万円、利益40万円でROE200％

　となります。もちろん、実際のROEは諸経費を引き算するので

もっと低くなります。

　では、あなたが投資家だったとしたら、A店、B店どちらの弁当屋さんに投資したいですか？

　B店のほうが利益やROEが高くなりますが、元手以上の仕入れをしていて、新型コロナショックのような想定外の出来事に弱いというリスクも考えないといけません。

ROEと成長スピードの関係

　次にA店とB店がともにチェーン店を出した場合を考えてみましょう。どちらの店がどのくらい成長スピードが速いか、比較して考えます。最初の20万円で得られた利益は、すべて資本金に回して元手を増やすとします。

　A店、B店がそれぞれ最初の販売で得られた利益は、

● A店：20万円

● B店：40万円

でした。その利益を次回の元手に組み入れると、

●「A店：20万円＋利益20万円」で2倍の40万円

●「B店：20万円＋利益40万円」で3倍の60万円

にそれぞれの元手が増えることになります。

　そして、これまで同様にA店は資本金と同額、B店は資本金の2倍の弁当を仕入れて販売するので、チェーン店全体の仕入れ金額は、

● A店が元手の40万円

● B店は元手の2倍の120万円

　と、3倍の差がつき、利益も同様に3倍の差になりました（図56）。

　もし弁当の販売がともに順調なら、B店のほうが成長スピードが速いため、両店の差はどんどん開いていくことになります。

　このように、業績が黒字で成長段階の場合、ROEが高いほど、

図56 お弁当屋さんの比較で見るROE（株主資本利益率）と企業成長

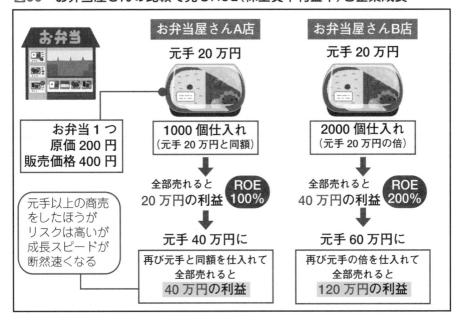

成長スピードが速くなります。そして、高ROE企業であるほど、将来の成長期待が高くなり、株価も高くなる傾向があります。

増収増益でもROE低下で売られる理由

　ここまで分かれば、人気だった成長株が増収増益にもかかわらず、ROEの低下で株価が売られる理由も分かります（ROEを知らない人にとってはまったく訳が分からないことでしょう）。

　それは、企業の成長が鈍化しているシグナルなのです。

　高成長を遂げていたお弁当屋さんB店が成長の踊り場を迎えて、A店並みになってしまうと、A店の3倍速で成長する前提でB店に投資した投資家はどうしますか、という話ですね。

　企業の成長ステージとROEの関係は、

成長期：ROE が上昇

安定期：ROE が横ばい

減速期：ROE が低下

　というようになります。

　ROE が低下するということは、利益成長率が純資産の増加率よりも低下することを意味します。ROE が減少に転じた成長企業は、いかに増収増益が続いても市場評価を得られにくくなり、実際の株価もそれにつれて頭打ちになる傾向があります。

ROEで成長株を判断する方法とROE の上昇要因

　逆に、成長し続けている企業は、純資産の増加を上回る利益成長が続きますので、ROE の増加が続くことになります。

　単純に ROE が高いか低いかは、業種や企業の特性で差がありますので、ROE が時系列で見て増加しているか減少しているかを見るとよいでしょう。

　この方法は、成長株候補を選ぶ判断にも有効です。第1章で紹介した売上・利益の伸びに加え、時系列で **ROE が増加し続けている**ことも有力な基準となります。

　なお、成長企業では、先行投資によって一時的に利益が減少し、ROE も低下するケースがあるので、このような場合は例外と捉える必要があります。

　同様に、第3章で説明した減価償却費やのれん代も ROE に影響します。潜在的な収益力を重視する場合は、EBITDA（利払い前、税引前、減価償却前利益）で ROE を見るのも一つの方法です。

　では、ROE を上昇させるには、どうすればよいでしょうか？

　ROE は「純利益÷純資産」でも計算できますから、ROE を上昇させるには、分子の利益を増やすだけでなく、分母の純資産を減ら

すことでも可能です。

　企業が利益を増やすのは当然として、分母の純資産を減らし、資本効率を高めるには、

●**内向き：自社株買い、配当還元**
●**外向き：新規投資、M＆A**

などの施策が有効となります。

　多くの成長企業が、新規投資やM&Aを通じて成長を試みる理由も分かりますね。高ROEであることは、調達資金をうまく使って利益を生み出している証明ですから、そのような企業の株価や企業価値は高くなり、次の資金調達もしやすくなる好循環になります。

　逆に自社株買いや配当など内向きの施策で純資産を減らすのは、**成長ピークを過ぎた企業**に多いようです。企業規模が大きいところは、M&Aで少しくらいの利益を加えても業績インパクトは小さく、大きな案件は失敗すると経営責任が問われますので、動きづらいという側面もあります。

　内向きと外向きで方向性は違いますが、どちらもROEを上昇させる効果があり、これらの施策が発表されると、その効果への期待が企業価値に向かいPER（株価収益率）や株価に織り込まれます。

ROEと外国人投資家

　日本株の売買高の6〜7割は外国人機関投資家によるものです。特に大型株が集まる東証1部では、その傾向がより顕著になります。外国人投資家が日本株の影の主役である以上、彼らがどんなポイントで投資する企業を決めるのかは、知っておくべきでしょう。それがROEだと言われています。

　第2章でも紹介しましたが、日本人投資家は、自己資本比率が高くリスクの低い経営スタイルを好み、外国人投資家は、高ROEで

リスクをとった**資本効率の高い経営スタイル**を好みます。

　ソフトバンクグループ（9984）のような極端なレバレッジ（ROE）経営をしている場合は、リスク度も高くなりますが、高ROEを指向している成長株は、外国人投資家の嗜好に近い経営スタイルを取っていると言えるでしょう。

時系列で考える高PER株が買われる理由

　ROEについて理解できたら、次は成長株投資の視点から、PERを時系列で捉える考え方を紹介します。

　図57は、EPSの成長率ごとに5年後までのEPSと株価、PERの推移をシミュレートしたものです。当初の株価は1500円、EPSは100円で、株価がPER15倍まで買われると仮定しています。また、EPSが当初の100円で固定だった場合に1年後〜5年後に上昇した株価から見たPERが何倍になるかを、「現在EPSベースのPER」として算出しました。

　EPSが100円のまま、**成長しない企業**の株価やPERは、3年後も5年後も1500円でまったく変わりません。当たり前のことです。

　しかし、10％成長が5年間続けば、5年後のEPSは100円×1.1×…＝約161円となり、株価はその15倍の2416円まで買われることになります。実際のPERは15倍ですが、当初のEPS100円に対する現在EPSベースのPERは24.2倍まで上昇します。

　これが20％成長ならPER37.3倍、30％成長ならPER55.7倍、50％成長ならPER113.9倍と、利益成長にともなって株価と、現在EPSベースのPER倍率は激変します。

　つまり、今後5年間で、年率50％の利益成長が続くことが確実であれば、投資家が**5年先までの成長を織り込む**ことで、現在EPSに対してPER100倍以上まで株価が上昇してもおかしくないの

図57　EPS（1株純利益）の成長率の違いが5年後の株価に与える影響

EPS100円、株価1500円（PER15倍）の株が
毎年0〜50%成長した場合、1〜5年後、
PER15倍のままだったら株価はいくらになるか？
その株価は現在のEPSから見るPER何倍になるか？

成長なしの場合	現在	1年後	2年後	3年後	4年後	5年後
EPS	100	100	100	100	100	100
株価（PER15倍）	1500	1500	1500	1500	1500	1500
現在EPSベースのPER	15.0	15.0	15.0	15.0	15.0	15.0

5%成長の場合	現在	1年後	2年後	3年後	4年後	5年後
EPS	100	105	110	116	122	128
株価（PER15倍）	1500	1575	1654	1736	1823	1914
現在EPSベースのPER	15.0	15.8	16.5	17.4	18.2	19.1

10%成長の場合	現在	1年後	2年後	3年後	4年後	5年後
EPS	100	110	121	133	146	161
株価（PER15倍）	1500	1650	1815	1997	2196	2416
現在EPSベースのPER	15.0	16.5	18.2	20.0	22.0	24.2

15%成長の場合	現在	1年後	2年後	3年後	4年後	5年後
EPS	100	115	132	152	175	201
株価（PER15倍）	1500	1725	1984	2281	2624	3017
現在EPSベースのPER	15.0	17.3	19.8	22.8	26.2	30.2

20%成長の場合	現在	1年後	2年後	3年後	4年後	5年後
EPS	100	120	144	173	207	249
株価（PER15倍）	1500	1800	2160	2592	3110	3732
現在EPSベースのPER	15.0	18.0	21.6	25.9	31.1	37.3

30%成長の場合	現在	1年後	2年後	3年後	4年後	5年後
EPS	100	130	169	220	286	371
株価（PER15倍）	1500	1950	2535	3296	4284	5569
現在EPSベースのPER	15.0	19.5	25.4	33.0	42.8	55.7

50%成長の場合	現在	1年後	2年後	3年後	4年後	5年後
EPS	100	150	225	338	506	759
株価（PER15倍）	1500	2250	3375	5063	7594	11391
現在EPSベースのPER	15.0	22.5	33.8	50.6	75.9	113.9

つまり、今後50%成長が続くことが確実で、その成長を織り込むなら
株価がPER100倍超えの水準まで上昇してもおかしくはない

です。

　業績の大きな伸びが期待できる好景気局面や、成長企業にさらなる成長が期待できる新規ビジネスが登場したとき、期待感が高揚し、株価が上昇する理由が分かりますね。第1章でテンバガー株の成功ストーリーを疑似体験しましたが、そのときに起こっていた変化もこのような業績の変化がベースになっていました。

PERから業績と市場評価の違いを捉える

　5年先のPERをシミュレーションしたように、PERもまた時系列で見ることで業績推移と平行して、PERを通じた株価に対する市場評価の推移を読むことができます。

　投資家としては、評価が高まると喜びがありますし、評価が低ければ残念な気持ちになりますが、必ずしも期待通りになるとは限りません。

　PERの高低は、市場評価として受け入れ、逆になぜその評価なのか考える習慣をつけるとよいでしょう。そうすることで、考慮できていなかった評価因子も少しずつ分かってきます。

　ただ、それで変わることは、それほど多くありません。市場評価の中心はやはり業績なので、他の因子は（一部の例外を除いて）補助的なものになります。

　業績とPERを通じた市場評価に違いがあるとしても、その理由探しに時間を使うより、**気まぐれな市場評価**は受け入れて、将来の企業価値分析に時間を使うほうが、はるかに生産的だと思います。

低PER株が買われない理由

　「PERが低いから割安」と判断して、低PER株を買って失敗する

ことを「**バリュートラップ**」と言います。これは、「低PER株が割安でお買い得だと思ったけど、実はそうじゃなかった」という罠です。

バリュートラップの要因は、低PER株の将来に業績変化や利益成長への期待や伸びしろが乏しいことにあります。だから株価も割安に放置され、時には下がっていきます。

現実の世界でも、勉強が苦手な子どもが急に成績優秀になったり、スポーツが不得意だった子どもが急にスポーツ万能になることは、あまりありません。

同様に、低PER株にも「**期待値が低い**」という、立派な買われない理由があるのです。

もちろん、ダメな子がずっと100%ダメなままとは限らず、環境や意識の変化によって潜在能力が引き出されたり、よい教師やコーチと出会って努力した結果、変わっていくこともあります。

レアケースですが、そのような変化は決算書で分かります。

第2章の第1条で触れましたが、「期待値の低い」会社が「期待値の高い」会社へと変わるときは、投資チャンスと心得ましょう。

低PER株が買われるためには、現状維持や右肩下がりが続く業績を、右肩上がりの連続に変える大きなエネルギーが必要になります。そのエネルギーが足りない場合は、一時的に上がることはあっても「長期で上がり続ける成長株」にはならず、「**短期で終わる株**」になります（どちらかは、ROEが変化しているかで分かります）。

PERが初心者に難しい理由

ここまでの話をもとに、PERがどうして初心者に難しい指標なのか、ROEも絡めてまとめておきます。誰でも最初は初心者ですから、きっと苦労しているはずですよ。

1. 株価が毎日変動する

「PER＝株価÷EPS」の式から分かるように、PERの分子は株価ですので、毎日変動します。よって、PERもデイリー、もしくはリアルタイムでの計算が必要になります。

2.EPSが何種類もある

PERの分母となるEPSは、計算方法が何種類も存在します。例えば、同じEPS（1株純利益）と言っても、

●前期実績EPS

●今期会社予想EPS（最も多く使われている）

●会社四季報の予想EPS

●市場コンセンサスの予想EPS

●今期四半期実績EPS

●会社の中期計画のEPS

などがあり、どれを使うかでPER倍率も変わります。

ちなみに、はっしゃんは上記のどれも使っていません。

自分で計算した独自の予想EPSを使うことにしています。

3. 特別利益と特別損失、法人税の問題

決算短信には最終利益（純利益）ベースで計算された「1株純利益（EPS）」が記されていますが、この最終利益には、特別利益や特別損失など、継続性のない一過性の利益や損失も含まれています。

一方で、株式市場は、**継続性のない利益をほぼ評価しない**ので、特別利益や特別損失をEPSやPERの計算から除外する必要があります。

はっしゃんは、このような考えから、最終利益ではなく経常利益から一律30％の想定実効税率を除いた利益からEPSを計算してい

ます。

EPS ＝経常利益× 0.7 ÷（発行済株式数−自己株式数）

　日本国内で活動する企業の場合、**実効法人税率**は 30％前後になります。グローバル企業では、海外の税率が低いため 20 〜 25％程度の企業も見られます。また、会計テクニックや国の優遇制度を活用して、法人税を払っていない企業も存在します。

　有名なところでは、トヨタ自動車（7203）やソフトバンクグループは法人税を払っていない年がありました。さて、税金を払っていない企業の最終利益は、そのまま企業価値として評価できるでしょうか。

　税金を払っていない企業でも、他の企業と同じように 30％払ったらどうかで評価すべきなのは言うまでもありません。企業価値は、前年度に税金を払ったか払っていないかではなく、将来の利益ベースで計算するものだからです。

　このように見ていくと、PER の計算に使われている最終利益ベースの EPS は問題だらけであることが分かります。PER が難しいのも仕方のないことです。

4.PER では説明できない銘柄が存在する

　PER を見るということは、株価を通じた業績の市場評価を見ることですが、株式市場には PER では説明できない銘柄も存在しています。その代表例が、

● IPO 株
●優待株
●バイオ株
●仕手株

などです。

　株式市場では「売り手より買い手が多ければ、その株価が企業価値とかい離していても上がる」ようになっています。需給が最優先というわけです。

　PERで説明できない株は、PERとは別のメカニズムによって、**業績やPERによる市場評価を上回る需給**が生まれ、値づけされています。

　それは、IPO株の短期的な投機価値であったり、優待株の配当に優待利回りを加味した優待プレミアムと呼ばれるものです。

　このような銘柄にPERを適用して、割高と言っても意味がありません。株価の値づけの仕組み自体が違いますから。

　PERを基準に投資するということは、市場の多数派である業績とある程度連動した標準的な値づけがされている銘柄群を対象に、業績変化や長期的な成長を予測して投資することです。

　多数派であるPERに基づく投資は、他の投資法と比べると、不確実性が少なく、再現性の高い手法と言えます。ただし、その前提としてPERとは違ったメカニズムで動いている銘柄を排除しておく必要があるのです。

5. 妥当PERはROEによって変わる

　日本株の平均PERは15倍ですが、資本効率（ROE）の高い株のPERは高くなり、低い株のPERは低くなります。これもPERが一筋縄では行かない理由です。

　PER、PBR、ROEの計算式を復習してみましょう。3つの指標は次のように計算します。

PER ＝株価÷EPS（1株純利益）
PBR ＝株価÷BPS（1株純資産）

$$ROE = EPS \div BPS$$

　ということは、この式を

$$ROE = PBR \div PER$$
$$※ ROE =（株価 \div BPS）\div（株価 \div EPS）$$

　というように置き換えることができます。

　つまり、PBR が同じであれば、高 ROE で収益効率の高い企業の
ほうが PER は低く買われやすくなるわけです。

　逆に、PER が一定の場合は、**高 ROE になるほど、高い PBR が
許容されるため、株価が上昇しやすく**なります。

　このように PER は、PBR を通じて ROE と釣り合っています。

　計算式が難しいと感じたら、この章のはじめで紹介した株価診断
チャートまで戻ってビジュアル化で考えてみてください。難しいよ
うに思えても、株価や BPS、EPS といったピースの組み合わせが
違うだけの単純な話です。

6.ROE の変動が攪乱要因になる

　ROE の計算式「ROE = EPS ÷ BPS」から、小型株や成長株の株
価や PER が変動しやすい理由は、ROE そのものが変動しやすいた
めと考えられます。

　小型株や成長株では、ROE の要素である EPS や BPS が決算期単
位や四半期単位で大きく変動することが少なくありません。そして、
ROE が変動しやすいと、妥当な PBR や PER の水準も振れ幅が大き
くなってしまいます。

　一方、大型株は ROE も安定していて、期ごとに多少の変動があ
っても**「期待値のブレが少ない」**ため、PER や PBR の水準も安定

的です。

7. 市場評価は間違っていることが多い

　第1章でテンバガー株の5年分を見たように、市場評価をあとから見た場合、短期的には過大過小で間違っていることも多いことが分かります。よって、株価やPERの数字に振り回されないことが大切です。

　成長株投資で企業価値を考えるなら、むしろ「株価」という不確定要素が入っていないほうが予想しやすいとも言えます。

　成長株投資でも企業価値を突き詰めていくと、将来のEPSやROEの成長予測から、最後は「結局PER何倍まで買えるのか」という話になりがちです。

　それでは、**将来の期待値と不確実性の綱引き状態**になってしまいます。これをPERや株価から一歩手前の、EPS、BPS、ROEまでに留めておくことで、不確実で不毛な「株価」という変数から距離をおくことができます。

まとめ ：
成長株投資とPER、ROEの考え方

　いかがでしたか？　PERやROEは評価指標の一つに過ぎないので、必ず使わなければならないものではありません。実は、はっしゃん自身、現在はPERとROEをベースとした理論株価をメインに使用していますので、特にPERは、もうほとんど見ていません。それでも、PERとROEを基本とする成長株投資の考え方は変わっていません。

● EPS の向上が未来につながる
● ROE の視点で業績変化を予測する

　これは成長株投資の原点となる不変のものです。

　不確実性を少なく、再現性の高い投資を続けることが株式投資で成功するチャンスを増やす秘訣です。

　地道にコツコツ続けることが、成長株投資で成功する近道だと思います。はっしゃん式 PER × ROE 投資法を 5 つのポイントにまとめると以下のようになります。

1. PER が○○倍だから割安、割高という考えを捨てる

2. 現在の株価、PER になっている理由を受け入れる

3. 市場評価ではなく、EPS の向上で企業価値を考える

4. ROE の増加が続くことが成長エンジンになる

5. 時系列で業績と株価の連動性を検証し 3 年先 5 年先に投資する

【はっしゃん Column ⑤】
株式分割と企業価値について

　成長企業では**「株式分割」**を実施するケースがよく見られます。「株式分割」とは、これまで 1 株だった株を 2 株、5 株、10 株など細かく分割することです。資本金を増やす**「増資」**とは違い、資本金の額自体は変わらないので、株式分割そのもので企業価値は変わりません。

　しかし、実際には逆に株価が上昇することが多いようです。

　例えば、1 : 2 に分割した場合は「株価は 1 ／ 2」「発行済株式数が 2 倍」という変化があります。

　企業の時価総額は「株価×発行済株式数」で計算されるため、このような分割があっても理論上の企業価値は変化していません。

　例えば、株価 1000 円で 200 株（時価 20 万円）を保有していた株式が 1 : 2 分割されると、500 円で 400 株（時価 20 万円）保有となり、時価は変わりません。

分割前：1000円×200株＝20万円

分割後：500円×400株＝20万円

　それでも分割で株価が上昇する印象があるのは需給的な要因が大きいためと思われます。

　そもそも、企業が何のために株式分割するかを考えてみてください。株式分割する企業の多くは成長企業であり、好業績が続いて株価が大きく上昇して高くなりすぎてしまった企業です。

　現在、日本株は100株単位で購入する必要があるため、株価が1万円なら100株購入するのに100万円の購入資金が必要となります。

　そのため株価が高すぎると個人投資家が購入しづらくなり、株主数や流動性にも影響が出るというわけです。株式分割を実施して個人投資家に**買いやすくしている**んですね。

　そういうわけで、株式分割を実施すると、例えば、その企業の株を買いたいと思っていても予算面の制約で買えなかった投資家から買い注文が入りやすくなることもあるでしょう。

　また、逆説的には「株価が上昇しているから分割が必要になるのであって分割するから上昇するわけではない」と考えることもできます。理論上の企業価値は変わりませんから。

　こちらの考え方もなるほどと思う点がありますね。

　そして、この考え方に一理があるとすれば、**「株式分割を実施している企業に投資すれば株価が上昇する可能性が高い**（少なくとも分割を継続実施している間は）」という仮説も成り立つことになります。

　実際に株式分割を実施した企業が再分割を実施するか正確に予測することは困難ですが、過去の成長企業の事例を見る限り、多くの企業が成長期に分割を連続実施しています。

　しかし、成長企業も時間の経過とともに成長速度が緩やかになり、やがて株価の上昇スピードが落ちてくると分割を実施しなくなる。

これも過去の事例を見るとおおむね、そうなっています。

例えば、現在のZホールディングス（4689）、かつてのヤフーは1997年11月に店頭市場（現ジャスダック）に新規上場したあと、1999年3月26日の1：2の分割を皮切りに、合計13回もの株式分割を繰り返しました（一時は日本初の株価1億円を達成するなどで話題にもなりました）。

その結果、当初の1株は81万9200株に分割されています。

2013年9月26日に行われた最後の100分割は売買単位を1株から100株に合わせるための例外と考えると、2006年を最後に株式分割は実施していません（株価のピークは2005年末）。

つまり、株式分割していた成長企業が「**株式分割しなくなると成長はピークを打つ**」ということです。

成長株投資家として株式分割で考慮しておくのは、この2点でしょうか。

まず、少なくとも、株式分割を実施する企業は基本的に成長企業であると考えられますから、投資先に値するかどうか決算書を調べてみる価値はありそうです。

そして、保有銘柄の株式分割がしばらく止まっている場合。

成長ステージが終わったことを疑う余地があるかもしれません。

こちらも決算書を調べて成長性や将来性を再検証したり、他の株式分割実施企業と比較してみるとよいでしょう。

今から20年近く前には、ライブドアが株式を100分割して世を騒がせました。ライブドアショック以前の株式市場では、株式分割を実施すると新株の発行までタイムラグが発生したため、株券が市場から枯渇して、需給面から株価が上昇しやすくなっていました。

この仕組み（欠陥）を巧みに利用して10分割や100分割などで

時価総額を釣り上げていったのが、ホリエモンでおなじみのライブドアでした。

　今は株式分割後すぐに新株が流通するのでこの欠陥は利用できませんが、株式分割で株価が上昇しやすくなる傾向は続いています。

【はっしゃん Column ⑥】
増資と MS ワラントについて

　成長企業に投資していると避けられないのが増資です。増資には新株を発行する公募増資や第三者割当増資と新株予約権を発行する**「MS ワラント**（Moving Strike Warrant）」という 2 通りの方法があります。

　増資で新株を発行するとその分、発行済株式数が増加して株式 1 口当たりの価値が減少するため（**「希薄化」**と言います）、株価が売られることが多くなります。

　例えば、発行済株式数 10 万株の企業が新株 10 万株を発行すると発行済株式数は 20 万株となり、議決権や 1 株あたりの利益の価値は半分になります。

増資前 10 万株：1 株あたり議決権は 0.001%

増資後 20 万株：1 株あたり議決権は 0.0005%

　利益を 1000 万円の場合で考えると、

増資前 10 万株：1 株あたり利益は 100 円

増資後 20 万株：1 株あたり利益は 50 円

　では、増資＝悪材料かと言うと必ずしもそうではなく、増資で調達した資金が希薄化した以上の利益を上げれば企業価値はむしろ上昇することになります。従って、成長企業が新規投資目的で行う増資は必ずしも悪材料とは限りません。

　逆に資金調達に窮した斜陽企業が負債を返済するために増資で資

金調達をすることもありますが、借金返済のための増資は1株利益が希薄化するだけで株主にとってはデメリットしかありません。

　それでも、そのような企業は資金調達しなければ存続が危ういような側面もありますので、増資で資金調達できれば安心感から株価が買われることもあります。

　ちょっと複雑ですね。

　ところで、新株を発行する公募増資や第三者割当増資と比べて、新株予約権を発行する「MSワラント」は株主側からは**「悪魔の増資」**と呼ばれることもあります。

　それは、行使価格修正条項が付いた新株予約権だからです。

　通常の増資では発行価格は公募や第三者との交渉で決定します。1株あたり1000円で10万株の新株を発行して、1000円×10万株＝1億円の資金を調達するというようなものです。

　まともな優良企業であれば、この条件で資金調達できますが、業績や体力に不安のある企業や信用力の少ない新興企業の場合は必ずしも、これで資金調達できるとは限りません。

　なぜなら、投資する側からすれば1株1000円で出資したあとに、株価が値下がりすれば損をすることになるからです。

　そこで「悪魔の増資」MSワラントの登場です。MSワラントは修正条項付き新株予約権として資金を調達しますので、株価が変動すると調達金額が違ってきます。

　同じ10万株の新株予約権を発行しても、株価が1000円なら調達資金は1億円、しかし、株価が500円まで下がると、500円×10万株で半分の5000万円しか調達できないのです。

　いかがでしょうか。株価が1000円から500円になっても行使価格を修正できるのであれば、投資する側の株価下落リスクは軽減されることになります。

では、その**リスクは誰がこうむることになるか**というと企業と既存株主です。

　MSワラントを発行する投資家側（証券会社）は、あらかじめ該当銘柄を空売りしておいて新株で返済する形を取りますので調達金額相当の売り物が出ることになり、株価が下げやすくなるわけです。

　一方で企業側は行使価格が修正されるため、調達金額に不確実性がともなうことになります。

　MSワラントには下限行使価格が設定されているのが普通ですが、下限を下回ってしまうと資金調達ができないので、これもまた悪材料になってしまいます。

　そして権利行使されたあとは流動株が増えるため、需給がさらに悪化してしまうことになります。これが「悪魔の増資」と呼ばれる所以ですね。

　このように見ると借金返済のためのMSワラントはもう、問題外だということが分かります。既存株主をお財布代わりにしているだけですから。倒産するよりましだというレベルです。

　残念ながら成長企業でも信用力が不十分な場合は、MSワラントを選択する例もあります。しかし、調達資金が借金返済ではなく投資目的の場合は、**それ以上の企業価値を投資家に還元できる**と経営者が判断しているわけです（成長企業の経営はスピード感がとても重要です）。

　投資家としては、リスクに見合った報酬を期待するか、リスクに見合わないとしたら株式を売却するしかないでしょう。

　増資やMSワラント発行のニュースは突然やってきますが、バランスシート（貸借対照表：BS）やキャッシュフロー計算書（CF）を時系列で見ていると資金に窮しているかどうかは分かるので、ある程度は予測できます。

第5章

Excel シートで
「5年先の株価を予測する方法」
~中期計画を分析して、過去と未来を管理する~

会社の中期経営計画から株価を予測する方法

　第 4 章では、成長株投資の視点からの PER（株価収益率）と ROE（株主資本利益率）の考え方や、時系列で未来の企業価値を予測する方法を学習しました。

　第 5 章では、Excel シートも活用しながら、過去 5 年分析や 5 年後の中期経営計画分析といった本格的な時系列分析を学習します。

　上場企業の中には、今後 3 〜 5 年程度の経営方針や業績目標を決めた**「中期経営計画」**を発表している会社があります。企業自らが「5 年後に EPS（1 株純利益）をいくらに増やす」といった具体的な数字を示してくれているので、企業価値予測のガイダンスとして活用できます。

「成長株として投資したい」と思う企業があったら、その企業のサイトの IR ページにアクセスして、中期経営計画を閲覧しましょう。

　例えば、コールセンターへの人材派遣や障がい者雇用支援で急成長しているエスプール（2471）は 2021 年 1 月 13 日に 2025 年 11 月期まで向こう 5 期にわたる新・中期経営計画を発表しました。

　その中期経営計画には、2021 年 11 月期の売上高 248 億円、営業利益 25 億円（会社予想ベース）を、4 年後の 2025 年 11 月期には売上高 410 億円、営業利益 50 億円まで、**ほぼ倍増させること**が表明されています。この数字を使えば、エスプール自身が想定した向こう 4 年間の売上や EPS の成長まで計算することができます。

　売上高を 4 年間で 248 億円から 410 億円に増やすためには、複利運用の式を逆に使って計算すると、毎年約 13.4% ずつ売上高が伸びていく必要があります。

営業利益は、2021 年 11 月期の予想値 25 億円から 4 年後 50 億円まで増える計算です。複利計算式で逆算すると、4 年間の平均利益成長率は約 19% です。

会社自体が毎年 13.4% 増収、19% 増益を目標に掲げているのが分かれば、その目標値を使って将来の企業価値、そして株価も予測可能です。

エスプールが決算を発表したとき、上記の中期経営計画のミッション（売上高 13.4% 増、営業利益 19% 増）をクリアできているかを判断基準にできます。

このような中期計画は、**決算説明会資料**に含まれる場合もあるので、決算短信と同日か、しばらく経って発表される決算関連資料には目を通すようにしましょう。

また、決算説明会が開催される場合は、動画などで見ておくと経営者の話し方や、質疑応答での対応から、計画に対する意気込みや自信のほどが分かります。

なお、中期経営計画は意欲的に見えても前半は控えめで、後半に延びる計画を立てる会社が多い傾向にあります。このような場合、前半の計画を前倒しで達成する程度の勢いがないと伸び悩むケースが多くなります。

成長株候補として期待できるのは、計画を前倒して達成する企業に限られるくらいの判断基準でちょうどよいでしょう。

中期経営計画が変更されるケースもある

もっとも、会社の中期経営計画が「絵に描いた餅」に終わってしまうケースも少なくありません。

例えば、企業の福利厚生サービスのアウトソーシング企業として

図58　リログループの中期経営計画とその変更

リログループが2019年5月に発表した2023年3月期までの4年計画

「第三次オリンピック作戦」

業績目標　　　　　　　　　　　　　　　　　　　　　　　　　　（単位：億円）

	目標			最終年度
	第53期 2020年3月期	第54期 2021年3月期	第55期 2022年3月期	第56期 2023年3月期
売上高	2,800	3,100	3,400	3,700
税引前利益	225	248	286	355

コロナ禍を受け2021年5月、2025年3月期までの計画に変更

業績目標　　　　　　　　　　　　　　　　　　　　　　　　　　（単位：億円）

	実績		目標			最終年度
	第53期 2020年3月期	第54期 2021年3月期	第55期 2022年3月期	第56期 2023年3月期	第57期 2024年3月期	第58期 2025年3月期
売上高	3,130	3,336	3,500	3,700	3,900	4,100
税引前利益	112	157	190	240	290	355

　長期的な成長を続けてきたリログループ（8876）は、2019年5月23日に2020年3月期から2023年3月期まで4年間にわたる「第三次オリンピック作戦」という中期経営計画を発表しました。

　計画では、2019年3月期の売上高2508.6億円、税引前利益200.7億円を、2023年3月期にはそれぞれ3700億円、355億円まで増やすことを目標値に掲げていました（**図58・上**）。

　各年度の具体的な目標数値も発表されていましたが、コロナ禍によって新規営業活動に遅れが生じたため、2020年11月に中期経営計画の期間延長を発表しました。

　実際、同社の2021年3月期の売上高は3336.0億円と目標の3100億円を超えましたが、税引前利益に関しては目標とする248億円には届かない161.3億円で、前期比減益という結果に終わりました。同社はそれまで11期と非常に長期間にわたって経常増益が続いていましたが、**新型コロナショック**によってそれが途絶え、株

価も下落しました。

　そして、2021年5月に、先ほどの中期経営計画の目標年度を2年後ろ倒しにして、2025年3月期に売上高4100億円、税引前利益355億円を目指す計画に変更しました（図58・下）。

　このように、中期経営計画には企業自身が考える、業績目標の具体的な数字が出てくるので、株価予測にとても役立ちます。

　しかし、新型コロナショックのような例外的な出来事が起こるなど未達になるケースも数多くあり、（中期経営計画を織り込んでいた）株価の下落要因になりかねないので注意が必要です。

オリジナル中期計画と投資判断

　中期経営計画が発表されていない場合でも、**投資家自身がオリジナルの中期計画を立てる**ことは可能です。過去の売上と利益の伸び、利益率の傾向、投資キャッシュフロー（CF）の状況、ROE（株主資本利益率）の推移など決算書の数字を参考にして、オリジナル中期計画の数字を作っていくとよいでしょう。

　基本的には過去の成長実績を延長しつつ、他の評価でプラスマイナスする形になると思います。オリジナル中期計画の策定後は、企業版と同様に四半期決算ごとに売上や利益の伸びを確認し、中期計画の達成可否を判断していきます。

　最初は難しいかもしれませんが、このような仮説と検証を続けていくことで、成功や失敗を繰り返しながらも成長予測の精度は少しずつ向上していくと思います。

　そして、オリジナル中期計画と向き合っていく中で、

●**中期計画を大きく上方修正できるのではないか？**

●**中期計画を大きく下方修正すべきではないか？**

　と考えられる局面に出合うこともあるでしょう。

これこそ、成長株投資家としての判断が要求される重要局面になります。ここぞとばかりに、新規投資に踏み切るか、投資済みの場合はさらに追加投資するか、あるいは撤退を判断するか。

このように過去の業績を根拠として、自ら将来を予測して投資判断していくのが一人前の成長株投資家であると思います。

決算書と向き合って考える時間が大切

少し前時代的な話をします。はっしゃんより10歳上の社長さんの話ですが、その会社では営業の引き継ぎ時、顧客名簿を新規担当者が打ち直しているそうです。

ファイルを引き継ぐだけではなく、実際にお客様の名前を打ち込むことによって、手からインプットされた情報が頭の片隅に記憶として残り、「△△さんですか？　僕の担当です！」と言うように、その後の仕事効率が違ってくるそうなのです。

決算が発表されるたび、財務三表の数字はどんどん変化します。その数字をExcelなどに直接入力して整理することは、少々時間はかかりますが**決算と向き合い考える時間**になります。その分、記憶にも残りやすくなるでしょう。

決算書を読むスキルは基礎知識を学ぶだけではなく、実際に決算書と現在進行形で向き合って考えた時間に比例して、蓄積されていきます。理論を学び、それを実践していくことが大切です。

決算書の数字を時系列に入力して整理する習慣をつけてみましょう。本章では、ツールとしてExcelを使います（実践には、Excelの基礎的な知識が必要になります）。

本書の刊行にあたり、2種類の分析テンプレートを用意しました。以下のURLから入手してください。

●決算分析シート

5年分の決算を入力し、業績や株価の推移を分析・検証します。

本格的な
決算分析に
挑戦するなら　「決算分析シート」
http://hashang.kabuka.biz/
thinking/tools/excel2　

●中期計画分析シート

5年後までの中期計画を入力し、業績や株価を中長期で予測します。

中期経営計画
などで長期的な
株価・業績予測
をするなら　「中期計画分析シート」
http://hashang.kabuka.biz/
thinking/tools/excel3　

　この2種類のテンプレートで、一般にはあまり知られていない決算の特性や差分を抽出し、グラフ表示できます。本章では、ここからは実践練習をテーマとしますので、実際にExcelを使って入力・分析することを体験いただければと思います。

　はっしゃん自身は、現在、自作プログラムでのプログラム分析が中心となっていて、Excelは一部のデータ入力に使っている程度です。

　しかし、企業分析を志した頃からExcelシートで何百枚と積み重ねてきたノウハウが、現在の企業分析の原点になっています。

決算分析テンプレートの使い方

　最初の「**決算分析シート**」のExcelは数字を入力するための「**決算入力タブ**」とその数字をもとに企業の成長性を分析する「**決算分析タブ**」の2つから構成されています。

決算入力タブには4期分の本決算や直近の事業年度の会社予想、四半期ごとの実績値を打ち込めるようになっています。

　各項目に数字を打ち込んでいくと、次の決算分析タブのシートにその内容が反映され、各種指標が自動計算されて、その企業の財務内容や成長性、**「理論株価」**を分析することができます。

　「理論株価」は、その会社の業績（EPS＝1株純利益）と財務指標（BPS＝1株純資産）、自己資本比率、それらから算出されるROE（株主資本利益率）から見て適正と言える株価で、はっしゃん自身が考案した**「はっしゃん式理論株価バリューモデル」**の簡易版です。

　理論株価については、第6章で詳しく解説しますが、ここでは単に「その企業の業績・財務から見た適正株価」と考えておいてください。

　図59が決算入力タブの画面になります。「決算入力タブ」への打ち込みが必要な項目はセルの色が薄黄色になっています（図では赤い敷色で表示したところ）。項目は、

●決算書の損益計算書（PL）に記載されている**「売上高」「売上原価」「売上総利益」「販管費」「営業利益」「経常利益」「純利益」**。

●決算書サマリーの2ページ目に記載された**「期末の発行済株式数」**。

●貸借対照表（BS）の**「資産合計」**と**「純資産合計」**（この2つをバランスシート欄に入力）。すると「負債」も自動計算されます。

●キャッシュフロー計算書（CF）に記載された**営業・投資・財務キャッシュフロー（CF）**。マイナスの場合は「－」を頭につけて入力します。

●その下段にある「現金残」の箇所は決算書1ページ目「キャッシュフロー」の状況欄の**「期末残高」**か、キャッシュフロー欄がない場合は、BSの資産の部の流動資産の冒頭に記載された**「現金及び預金」**の金額を記入します。

図59　はっしゃん作成・「決算分析シート」の「決算入力シート」のページ

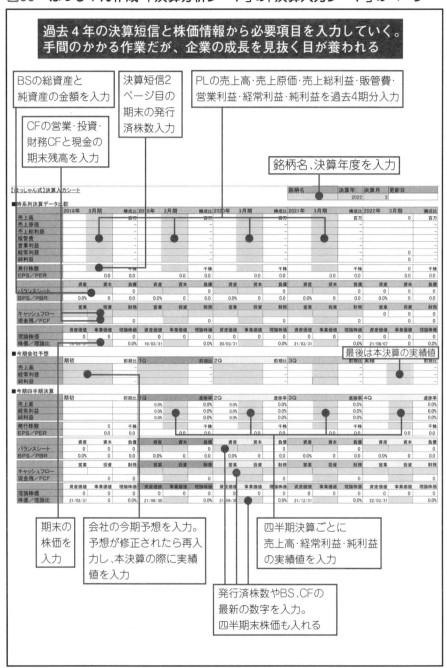

過去4年の決算短信と株価情報から必要項目を入力していく。
手間のかかる作業だが、企業の成長を見抜く目が養われる

BSの総資産と
純資産の金額を入力

決算短信2
ページ目の
期末の発行
済株数入力

PLの売上高・売上原価・売上総利益・販管費・
営業利益・経常利益・純利益を過去4期分入力

CFの営業・投資・
財務CFと現金の
期末残高を入力

銘柄名、決算年度を入力

最後は本決算の実績値

期末の
株価を
入力

会社の今期予想を入力。
予想が修正されたら再入
力し、本決算の際に実績
値を入力

四半期決算ごとに
売上高・経常利益・純利益
の実績値を入力

発行済株数やBS、CFの
最新の数字を入力。
四半期末株価も入れる

●「株価／理論比」の欄に**期末時点の株価の終値**を入力しましょう。さらに、

●「今期会社予想」の欄に、**通期の会社予想**を入力。「期初」から「3Q」まで順に会社予想の数値を入力していき、最後に実績値を記録します。業績の修正があった場合はその時点で再入力します。

●「今期四半期決算」に関しては、発表されるたびに、最新の**「売上高」「経常利益」「純利益」**と BS の**「資産」「資本」**の数字、キャッシュフロー計算書も開示されている場合は**「営業・投資・財務CF」**と**「期末残高」**を入力。

●最後に末尾の行に四半期末での**「株価」**を入力します。

発行済株式数と資本についての考え方

BPS（1株純資産）、EPS（1株純利益）は「1株あたり」の純資産や当期純利益のため、決算期末時点の発行済株式数を入力しないと計算できません。

決算短信2ページ目に記載されていることが多い発行済株式数はたいてい3段組みで①「期末発行済株式数（自己株式数を含む）」、②「期末自己株式数」、③「期中平均株式数」の3つが記載されています。

BPSやEPSを計算する際の「1株」は、厳密には「自己株式を除く期末発行済株式数」で計算します。つまり①から②を引く必要があります。ただし、大規模な自社株買いを毎年行っているような企業でない限り、自己株式の数は全体からすると微々たるものなので単純に①の数字を入力しても、BPSやEPSにそれほど誤差は生じません。

株式分割などを行ったときには発行済株式数が2分割なら2倍、

3分割なら3倍と大きく変化するので、そういうときは必ず、テンプレートの最初までさかのぼって株式数を変更してください。分割補正しないと、BPSやEPSの連続性が保たれません。同様に、分割前の株価についても分割を考慮した株価に変更します。

　また、自己資本比率を計算するときの自己資本は、本来、貸借対照表（BS）の純資産の総額ではなく、その中から「非支配株式持分」などを引いた「株主資本合計」を使って計算します。

　ただ、そうすると、「資産－純資産＝負債」で負債を自動計算できないので、本テンプレートでは簡略化して「自己資本＝純資産」として計算しています。そのため決算短信1ページ目に記載された本来の自己資本比率より少し高めの数字が出ますが、成長株投資では無視できる誤差なので、単純にBSの「純資産合計」の数字を入力してください。

　以上の数値を入力すると、決算分析タブのシート上に、はっしゃん式理論株価（資産価値＋事業価値）やEPS、PER（株価収益率）、PBR（株価純資産倍率）、ROE、ROA（総資産利益率）などの株価指標、1〜3四半期であれば、会社の**通期予想に対する進捗率**などが自動計算されます。

　ちなみに、EPSは第4章で説明したように**「経常利益×0.7÷発行済株式数」**で計算するようになっています。

　決算分析シートの画面中央には、6つのグラフが表示されます。分析例をもとにそのグラフを一つ一つ見ていきましょう。

　テンプレートシートはA4ファイルサイズで印刷できるように調整してあるので、紙のほうが見やすい方は印刷してご覧ください。

お値段以上ニトリの5年決算シート

　北海道で創業し、格安な家具・インテリア販売で全国制覇を果たしたニトリホールディングス（9843）の 2018 年 2 月期から 2022 年 2 月期第 1 四半期までの数字を入力したシートを例に説明します。

　図 60 が決算入力シートに一つ一つ数字を入力したときに自動作成される決算分析シートの画像になります。

　決算分析シートに自動表示される 6 つのグラフは、

グラフ①　過去 4 期＋今期の売上、株価、EPS などの推移

グラフ②　1 株総資産や 1 株純資産、PBR など財務状況の推移

グラフ③　実際の株価と理論株価、その計算に使う会社の資産価値・事業価値の推移

グラフ④　損益計算書の各数字の状況や粗利益率、販管費比率、経常利益率の推移

グラフ⑤　ROA、ROE など資産・資本効率や PER の推移

グラフ⑥　キャッシュフロー計算書（CF）を積み上げ式で表示したもの

　という内容になっています。

　それでは、ニトリの決算書を使って、各グラフの詳細を次ページ以降で解説していきましょう。

図60　ニトリの決算分析シート（2018年2月期〜2022年2月期第1四半期）

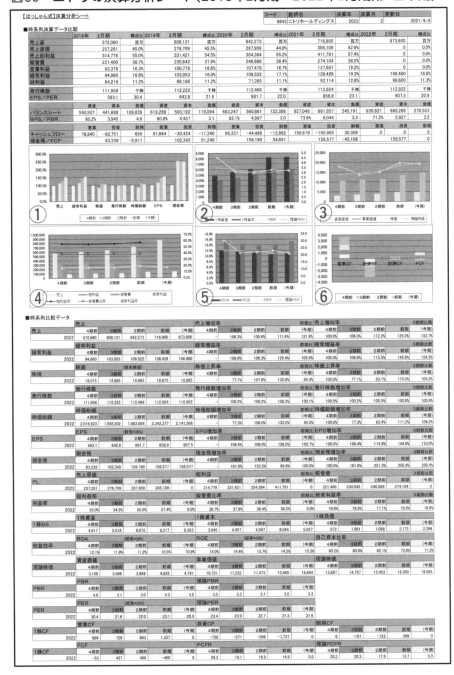

図61　ニトリ決算シートのグラフ①・4期前からの業績の推移

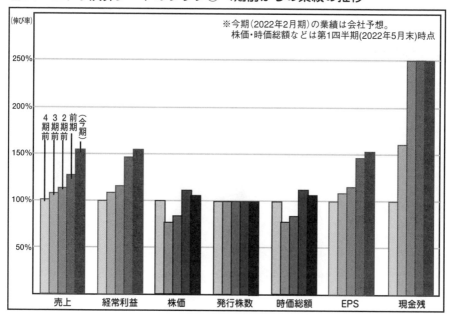

決算分析の欄に示された6つのグラフの意味

　グラフ①（**図61** ※）は、4期前から今期に至るまで、売上、経常利益、株価、発行株数、時価総額、EPS、現金残（高）がどのように推移したかを示した棒グラフです。

　成長株では、**発行済株式数を除くすべての項目が右肩上がり**で伸びていることを確認します。

　ニトリは、すでに時価総額2兆円を超える大企業ですが、過去4期の決算を振り返っても、売上・利益ともに前期比5〜26％の成長が続く成長株です。

　売上、経常利益とも右肩上がりですが、株価は足踏み状態が続い

※　実際のグラフはExcelで作られたカラーですが、書籍で見やすいように加工しています。以下のグラフについても同様です。

図62　ニトリ決算シートのグラフ②・1株資産・1株資本とPBRの推移

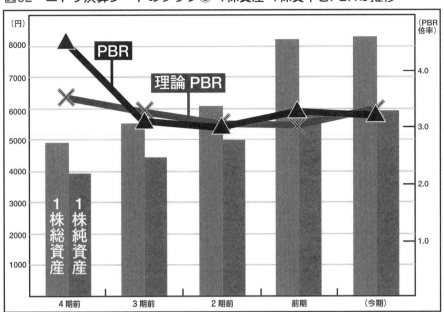

ています。成長ピークを過ぎて市場からの成長期待が後退したこと
が、業績の伸びに連動して株価が上昇しない原因と考えられます。

　グラフ②（図62）は、1株（総）資産や1株資本（≒純資産）
を4期前から追ったもので、その数字から理論PBR（理論株価÷
純資産で計算）と実際のPBRを折れ線グラフで表示しています。

　成長企業の場合は増収増益を続け、稼いだ利益を資本に組み込む
ことで、1株あたりの総資産や資本が増えていきます。

　利益蓄積によって資産や資本が今後も増える期待の高い企業は、
理論PBRも資本増加を織り込んで右肩上がりで上昇します。

　ニトリの場合、増収増益が続いて資産、資本（≒純資産）が順調
に伸びているのに、株価は横ばいが続いています。そのため、理論
PBRは横ばい、実際のPBRは2期前まで低下したあと、横ばいで
推移しています。

　つまり、投資家はニトリ株が高PBRでもどんどん買い進む姿勢

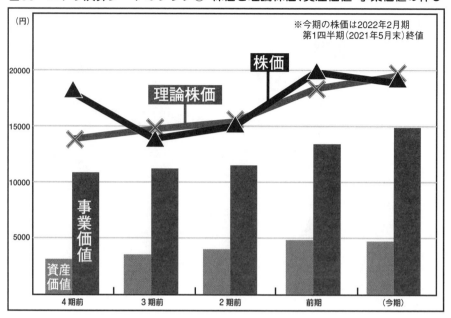

図63　ニトリ決算シートのグラフ③・株価と理論株価、資産価値・事業価値の伸び

（円）

※今期の株価は2022年2月期
第1四半期（2021年5月末）終値

株価

理論株価

事業価値

資産価値

20000

15000

10000

5000

4期前　　3期前　　2期前　　前期　　（今期）

ではないということです。とはいえ、PBRは実績、理論値ともに3倍超と、普通の株に比べて高水準です。

　グラフ③（図63）は理論株価と実際の株価を折れ線グラフで示したものです。理論株価の算出に使う資産価値、事業価値の伸びを棒グラフで示しています。

　現在の株価が理論株価の上か下かで、割高か割安かが分かります。成長株の株価が理論株価より割安なことはまずありませんが、現実の株価が理論株価を大きく上回って、株価に過熱感がないかどうかをここで見ます。

　ニトリの場合、4期前の株価は理論株価を上回り、期待先行で買われていましたが、現在は理論株価に寄り添う形でゆるやかに反転上昇しています。

図64　ニトリ決算シートのグラフ④・売上に対する各種の利益や販管費の比率

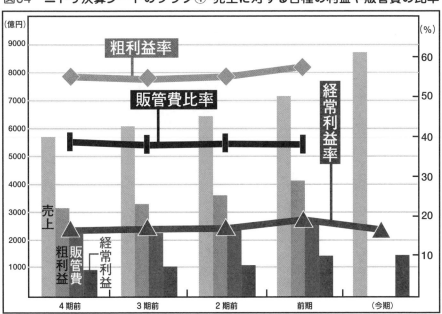

利益率や ROE、PER の時系列推移

　下段の**グラフ④**（**図64**）は、損益計算書の棒グラフと、その数字から割り出した「粗利益率」「販管費比率」「経常利益率」の折れ線グラフを重ねたものです。成長が続き、それに株価も反応してくるような企業の場合、**利益率は右肩上がりで伸びている**ことが多くなります。

　ニトリの場合、経常利益率は図64の右側の目盛りで分かるように、10％台後半で一定。50％台後半で横ばい推移していた粗利益率はわずかに上昇しています。

　このような変化は時系列で決算書の数字をきちんと追っていかないと見えてこないものです。**粗利益率が上昇して、販管費比率が低下しているのが理想**です。ニトリの前期決算ではその傾向が出て、

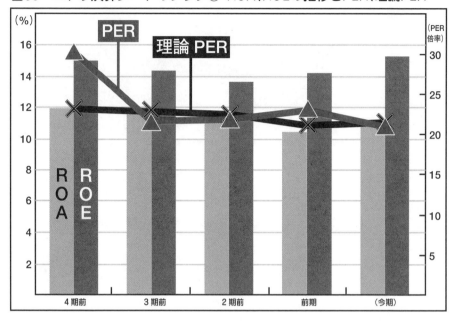

図65　ニトリ決算シートのグラフ⑤・ROA、ROEの推移とPER、理論PER

経常利益率が若干ですが上向いています。

　今期の経常利益率はあくまで会社予想なので、前期の傾向が続くなら、2022年2月期は経常利益率が下がるのではなく上がる、といった予測を立てることができます。

　グラフ⑤（図65） はROA（総資産利益率）、ROE（株主資本利益率）の過去4期と今期の推移を棒グラフで示したもの。そこに「理論株価÷EPS」で計算した「理論PER」と実際の株価をEPSで割ったPERの折れ線グラフが描画されます。

　会社が総資産や自己資本を効率的に使って収益を伸ばしているか、減らしているかを見るグラフです。ROEやROAの時系列変化は成長が加速するか減速するかを示す重要なサインです。

　ニトリの場合、いまだ売上の成長が続いています。しかし、図を見ると、2期前まではROE、前期まではROAが低下していて、収益効率に陰りが出ていました。

図66　ニトリ決算シートのグラフ⑥・過去4期分の積み上げ式キャッシュフロー

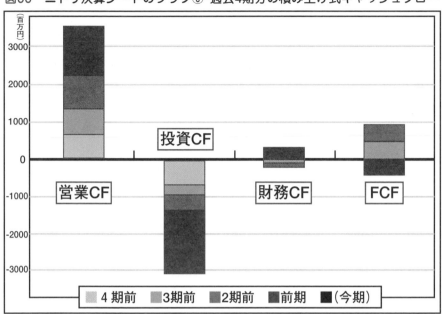

折れ線グラフのほうを見ると、理論PERと実際のPERがともに20倍台前半で横ばい推移しており、EPS（1株純利益）の成長期待が少し落ち着いてしまった状況が読み取れます。

しかし直近のROA、ROEが再び上昇に転じて収益力が向上しているため（コロナ特需による一時的なものかどうかを投資家自身で判断する必要はあるでしょう）、市場がその点を評価すれば、株価やPERも再上昇するかもしれません。

グラフ⑥（図66）は、キャッシュフロー計算書（CF）の営業・投資・財務CFとフリーキャッシュフロー（FCF＝営業CF＋投資CFで計算）を過去4期分、積み上げ式で棒グラフにしたものです。

企業は継続して営業、投資、財務のCF活動を行っているので、各期の現金残高は次の期に期首残高として反映されます。そのため、時系列で見るときは、積み上げ式にしたほうが**4期分まとめた動向**

を把握しやすくなります。

このグラフを見れば、表示した4期で、どれぐらい本業で現金を稼ぎ（営業CFの棒グラフ）、将来の成長のため現金を使って投資活動したか（投資CFの棒グラフ）が一目で分かります。

財務CFがプラスの場合は銀行借入や公募増資で調達した資金が社内に流入していることを示します。その資金は成長のための原資になりますが、プラスが増えすぎるのはよい傾向ではありません。

ニトリの場合は、FCFがここ4期トータルで見るとプラスであることから、過去4期全体では営業CFの範囲内で投資活動をしていることが分かります。ただし、前期は投資CFのマイナス幅、財務CFのプラス幅が大きく拡大しており、投資に対してより積極的になっている様子が鮮明です。

ニトリの定性情報からは、アパレル店を出店したり、外食事業に進出したり、家具大手の島忠をM&Aで子会社化したりと、新型コロナショックを好機と見て投資攻勢をかけていることが分かります。

ニトリが積極投資を進めていることを市場が評価すれば、株価が理論株価を下回る水準まで下落してきた今期（2022年2月期）は「買い」なのかもしれません。15％台に達したROE、10％台のROAという高水準の収益力や新規投資の是非がどう評価されるかにかかってきます。

このように、5年分の決算で発表された数字を一つ一つ入力して、上場企業の経営状況や財務内容の推移、株価との連動を時系列で見ることで、その**企業の将来を予測する土台**を作ることができました。

コンサル成長株ベイカレントの5年決算シート

2016年9月に上場したベイカレント・コンサルティング（6532）はコロナ禍で注目されたDX（デジタルトランスフォーメーション）

図67　ベイカレント決算シートのグラフ①・4期前からの業績の推移

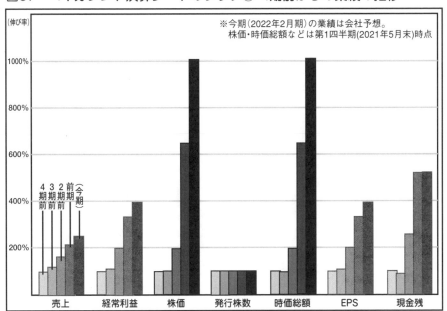

の波に乗って2020年3月〜2021年8月に株価が約15倍まで急上
昇しました。2018年2月期から2022年2月期第1四半期の実績値、
2022年2月期の通期会社予想の業績を入力して、売上、経常利益、
株価、EPS（1株純利益）などの伸びを時系列で見ると（**グラフ
①・図67**）、4年で売上は倍増、経常利益、EPSは4倍増近くま
で伸びる予想になっており、典型的な成長株です。

　一方、株価や時価総額が大きく上昇を始めたのは2021年2月期
に入ってから以降です。成長株では**「業績が伸びていても、なかな
か株価が反応しない」**時期もあれば、「人気化して株価が業績を一
気に追い抜いて急上昇する」時期もあります。

　株価と理論株価の推移を見ると（**グラフ③・次ページの図68**）、
2期前の2020年2月期までは理論株価が実際の株価を上回ってい
る状況でした。現在は株価が急騰して理論株価を少し追い抜いてい
ます。

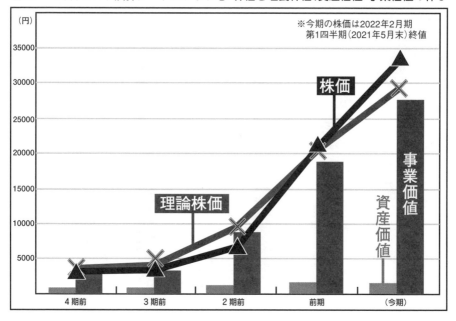

図68　ベイカレント決算シートのグラフ③・株価と理論株価、資産価値・事業価値の伸び

キャッシュフローを積み上げ式で見た**グラフ⑥・図69**を見ると、大きな設備投資不要でビジネスが回せるコンサルタント会社という業態のため、投資CFがほとんど社外に出て行かない様子が分かります。株主配当という形で財務CFが常にマイナスですが、営業CFはそれをはるかに上回るプラスのため、FCF、すなわち現金がどんどん社内に蓄積しています。

　グラフ⑤・図70のROA（総資産利益率）やROE（株主資本利益率）も高水準なうえに右肩上がりで、それにつられるようにPERも上昇しています。第4章で触れたように、ROA、ROEが高水準で成長している企業は、PERが高くても投資家の買いが入ります。

IT系成長企業 Orchestra Holdings の5年決算シート

　成長株候補になりやすいIT企業の決算シートも見てみましょう。

図69 ベイカレント決算シートのグラフ⑥・過去4期分の積み上げ式キャッシュフロー

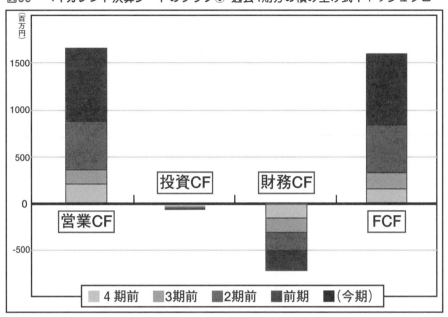

図70 ベイカレント決算シートのグラフ⑤・ROA、ROEの推移とPER、理論PER

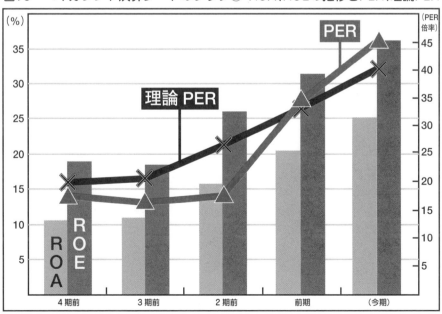

図71　Orchestra Holdings決算シートのグラフ①・4期前からの業績の推移

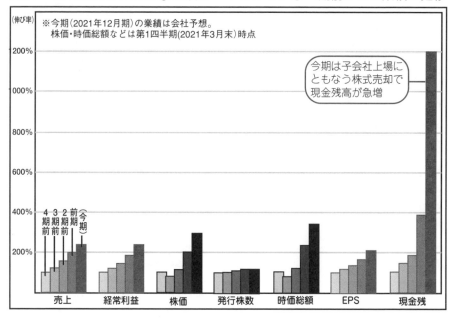

Orchestra Holdings（6533　オーケストラ ホールディングス）は企業向けのデジタルマーケティングが主力の会社です。

コロナ禍で業績が急伸したDX関連の子会社Sharing Innovations（4178　シェアリングイノベーションズ）が2021年3月に上場したこともあり、同社の株価も上昇しました。

2017年12月期から2021年12月期第1四半期までの決算シートを作成しました。

グラフ①・図71で売上・経常利益の伸びを見ると、2021年12月期は会社予想レベルですが、5年間で売上、利益がともに約2.4倍に伸びています。今期の現金残（高）が急に増えたのは、子会社上場による株の売却収益が原因です。

ただし、**グラフ④・図72**の売上、経常利益などの伸びとその比率を示した図を見ると、売上に対して経常利益率が5%台で横ばい。IT企業の中ではかなり低いのが気がかりです。

図72　Orchestra Holdings決算シートのグラフ④・売上に対する各種の利益や販管費の比率

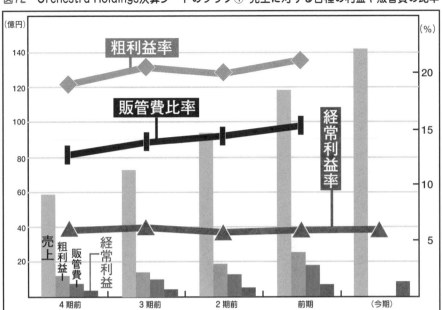

　ROA（総資産利益率）やROE（株主資本利益率）の推移を示し
た**グラフ⑤・次ページの図73**を見ても、両者がともに低下してい
ます。

　毎年増収増益を続けて着実に資本や資産は増えているのですが、
売上、資本、資産の伸びに利益が追いついていない状況と言えます。

　そのため、株価と理論株価の推移を示した**グラフ③・次ページの
図74**でも、理論株価が1000円台で横ばい推移している中、実際
の株価は3000円台に到達。2021年8月末時点では3600円台まで
上昇しています。

　成長株投資では、業績と株価の連動が基本になりますので、連動
していない場合は、その原因を明らかにする必要があります。そう
ではない場合は、リスクファクターになります。

　図にはないですが、2017年12月期や2019年12月期には、フリ
ーキャッシュフロー（FCF）がマイナスになるほど投資に力を入れ

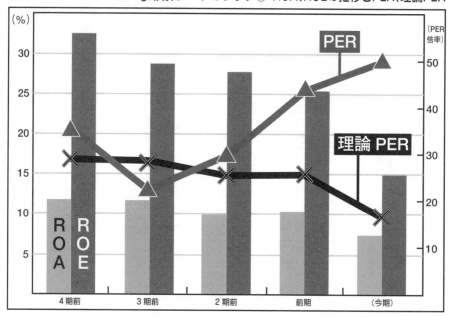

図73　Orchestra Holdings決算シートのグラフ⑤・ROA、ROEの推移とPER、理論PER

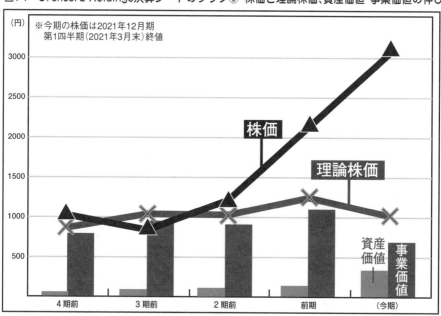

図74　Orchesra Holdings決算シートのグラフ③・株価と理論株価、資産価値・事業価値の伸び

ています。

　子会社上場以外に、その投資の成果が今2021年12月期以降の利益や利益率を押し上げ、より収益性の高いビジネスモデルを確立すること。それが株価の持続的な上昇には必要かもしれません。

人気半導体株の東洋合成工業の5年決算シート

　東洋合成工業（4970）は半導体回路をシリコンウエハに描画するための感光素材で世界シェアトップ級の化学メーカーです。

　同社もレーザーテック（6920）同様、半導体業界の最先端技術であるEUV（極端紫外線）の微細加工に対応した感光材の開発・販売で、株価が2019年1月から2021年8月にかけて17倍以上まで上昇しています。

　2018年3月期から2022年3月期第1四半期までの業績、株価を入力した**グラフ①**・次ページの**図75**を見ると、売上・経常利益・EPSともに順調に上昇していて、特に売上以上に利益成長率が目を引きます。株価が業績以上に上昇し始めたのは2020年3月期からで2021年3月期に人気化して急騰。今2022年3月期も8月以降はさらに上昇しています。

　グラフ④・次ページの**図76**の売上・利益や売上に占める利益率を見ると、粗利益率や経常利益率は上昇、販管費比率は低下という理想的な利益成長を続けていることが分かります。

　図では示していませんが、2018年3月期に9％台だったROEは2022年3月期の会社予想では17％台まで伸びていて、稼ぐ力が大きく向上しています。

　直近の株価急上昇で理論株価に比べてはるかに割高な水準になってしまい、ここで買いかというと判断は難しいかも知れませんが、

図75　東洋合成工業決算シートのグラフ①・4期前からの業績の推移

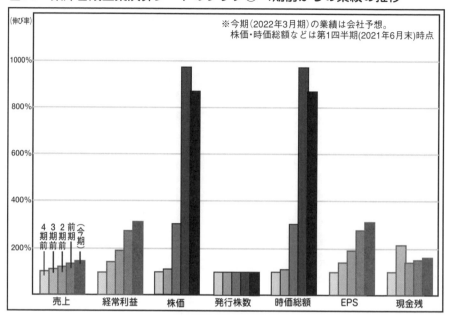

図76　東洋合成工業決算シートのグラフ④・売上に対する各種の利益や販管費の比率

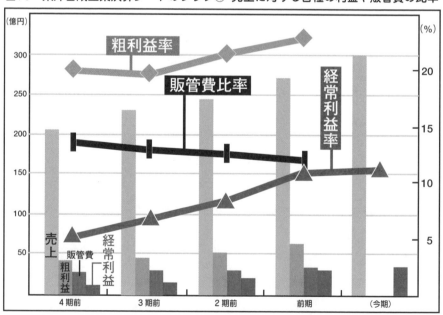

成長が続く限り、観察する価値はあるでしょう。

　コンサルティングや IT に比べると、製造業は成長株でも業績の伸びは地味と言えます。ただし、レーザーテックの例でも分かるように、高い技術力や市場シェアに対して世界的な需要が盛り上がると、長期にわたって業績・株価ともに上昇し続ける点が魅力です。

成長倒れペッパーフードサービスの5年決算シート

　成長倒れに陥って破たん寸前の状況まで追い込まれてしまった具体例も検証しましょう。「いきなり！ステーキ」の大ブームとその衰退で業績が悪化したペッパーフードサービス（3053）の決算シートの6つのグラフ画像（次ページの図 77）です。

　2017 年 12 月期から、過去最高の経常利益だった 2018 年 12 月期を経て、店舗閉鎖や「ペッパーランチ」事業の売却で売上が半減、39 億円の経常赤字に転落した 2020 年 12 月期、さらに 2021 年 12 月期第 2 四半期までの業績を入力しました。

　決算シートの**グラフ②**・次ページの**図 78** でも分かるように、損失やリストラで 1 株資産や 1 株資本が大きく減少しています。特に資本に関しては棒グラフチャートでは見えないぐらい減少しており、会社の継続前提にも支障が出るような事態になっています。

　同社は「いきなり！ステーキ」がブームだった頃に無理をして店舗拡大や海外進出を図り、高成長を続けようとしましたが、無理がたたって成長倒れどころか破たん危機に陥ってしまいました。

　「成長が続いているが、どこかで無理をしていないか」といった予兆は、売上の伸びに対する経常利益の低下やキャッシュフロー計算書（CF）のフリーキャッシュフロー（FCF）の減少、資本や資産の減少、粗利益率の低下や販管費の上昇などから読み取ることが可能です。

図77 ペッパーフードサービスの決算シート・6つのグラフ（画像）

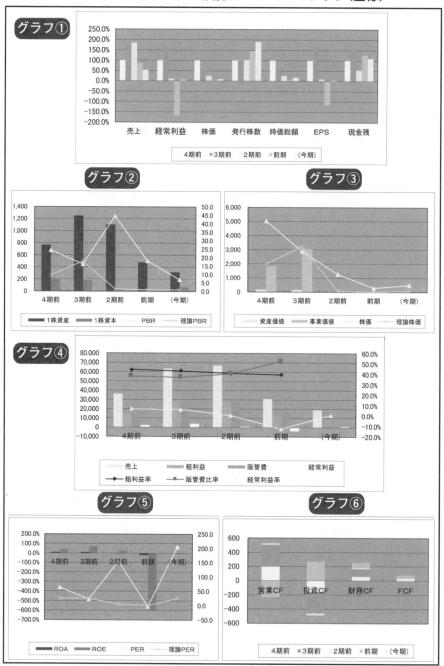

図78　ペッパーフードサービス決算シートのグラフ②・1株資産・1株資本とPBRの推移

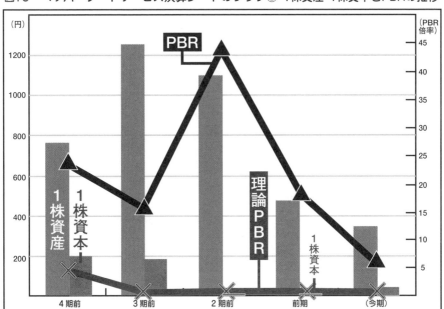

　皆さんも「この株の成長性を知りたい」「この株に長期投資したい」という銘柄があれば、**決算シートに数字を入力**して、自ら成長企業の経営、業績、財務に関する判断ができるようになってください。

　Excel シートに数字を入力するのは手間のかかる作業です。しかし、自分の目と手で決算書の数字を一つ一つ追っていくことが、分析スキルの向上につながるのは、はっしゃんも経験済みです。

中期計画分析シートで未来の企業価値を予測する

　過去ではなく、これから先の未来を分析するツールとして**「中期計画分析シート」**も作りました。中期計画分析シートは、決算分析シートの5年先の未来予想版です。決算分析シートと同様に「中期

計画入力タブ」「中期計画分析タブ」の2つで構成されています。

「中期計画入力タブ」で入力する情報は、決算分析シートとほぼ同じですが、入力するのは左端列のみ。それ以降は下の成長率欄に成長率を入力すると自動計算されます。また四半期決算の入力が省かれている点が異なります（**図79**）。

図79に入力する決算情報を見ていきましょう。

●まずは決算書入力シートと同様に**「売上高」「売上総利益」「営業利益」「経常利益」「純利益」**を入力します。「売上原価」と「販管費」は自動計算されます。

●決算書サマリーの2ページ目に記載された**「期末の発行済株数」**を入力します。

●貸借対照表（BS）の**「資産合計」**と**「純資産合計」**（この2つをバランスシート欄に入力）。すると「負債」も自動計算されます。

●キャッシュフロー計算書（CF）に記載された**「営業・投資・財務キャッシュフロー（CF）」**。マイナスの場合は「−」を頭につけて入力します。

●その下段にある「現金残」の箇所は決算短信1ページ目の「キャッシュフローの状況」欄の**「期末残高」**から入力。キャッシュフロー欄がない場合は、BSの資産の部の流動資産の冒頭に記載された「現金及び預金」の金額を記入します。

●「株価／理論比」の欄には**期末の株価**を入力しましょう。

すべて入力すると、5年後までの業績と株価が、初期状態では**「120％（＋20％成長）」で自動計算**されて表示されます。左端と比較して4年後の売上、利益、株価が約2倍になっています。

この成長率は、下の成長率欄で、項目ごと、決算期ごとに変更できますので、分析対象となる企業の成長予測や見通しに合わせて修正します。

●具体的には**「売上高」「売上総利益」「営業利益」「経常利益」「純

図79　はっしゃん作成・「中期計画分析シート」の入力ページ

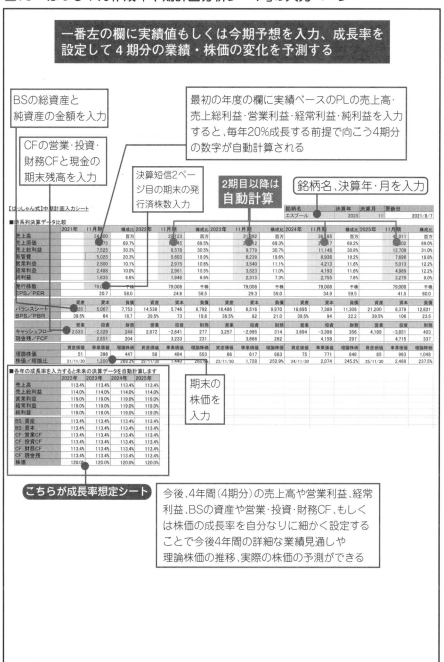

一番左の欄に実績値もしくは今期予想を入力、成長率を設定して4期分の業績・株価の変化を予測する

BSの総資産と純資産の金額を入力

CFの営業・投資・財務CFと現金の期末残高を入力

最初の年度の欄に実績ベースのPLの売上高・売上総利益・営業利益・経常利益・純利益を入力すると、毎年20%成長する前提で向こう4期分の数字が自動計算される

決算短信2ページ目の期末の発行済株数入力

2期目以降は**自動計算**

銘柄名、決算年・月を入力

期末の株価を入力

こちらが成長率想定シート

今後、4年間（4期分）の売上高や営業利益、経常利益、BSの資産や営業・投資・財務CF、もしくは株価の成長率を自分なりに細かく設定することで今後4年間の詳細な業績見通しや理論株価の推移、実際の株価の予測ができる

利益」「BS：資産」「BS：資本」「CF：営業CF」「CF：投資CF」「CF：財務CF」「CF：現金残」「株価」の成長率を変更できます。

　成長率の補正が終わると「中期計画分析タブ」で成長予想図を確認できます。**図80**はその中の6つのグラフを抜粋したものです。

　見方は決算分析シートと同じですが、**結果ではなく未来の予想で**ある点が違います。

　中期計画分析シートを分析する場合は、同じ企業の決算分析シートも作成して比較検証すると、過去から未来の流れが分かりやすくなるでしょう。

　売上や利益の伸びが、過去5年の延長と考えて妥当かどうか。売上総利益率や販管費比率が過去と比較して不自然な数字になっていないかなど、成長シナリオが正しく組み立てられているかを確認しましょう。

中期計画分析シートから成長シナリオを作成する

　中期計画分析シートは、企業が発表している「中期経営計画」から数字を入力・分析するのに適しています。

　中期経営計画で公開される数字にフォーマットはなく、各社各様になりますが「売上や利益を5年後にいくらまで増やす」といった目標は共通です。それらの数字を実際に入力すると、決算分析シートと同レベルの詳細な分析が可能になります。

　企業によっては、中期経営計画を公表していないところもありますが、『会社四季報』の二期予想や過去5年間の実績、企業を取り巻く外的要因なども参考に、投資家自身の手で中期計画を策定することもできます。

　成長株投資は、3年先、5年先の業績と企業価値を予測する投資

図80　中期計画分析タブで表示される6つのグラフ

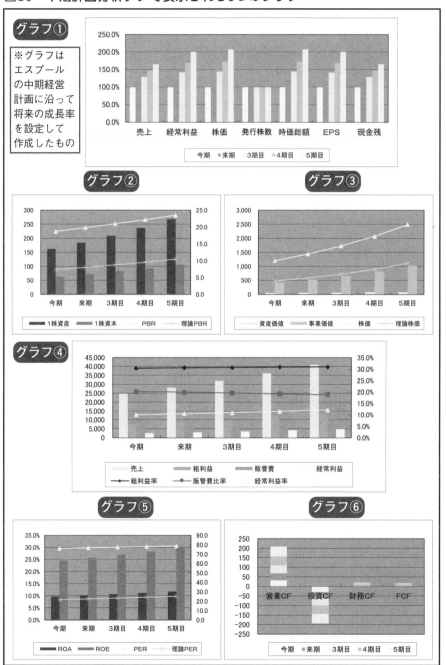

です。成長株投資家の皆さんには、ぜひチャレンジしていただきたいと思います。

エスプールの中期計画分析シート

ここでは、最初に紹介したエスプールの中期経営計画を中期計画分析シートに入力します。

エスプールは、コールセンター向け人材派遣や障がい者雇用で成長中の企業で「4年後の2025年11月期に売上410億円、営業利益50億円」という目標を掲げています。

まず、中期計画入力シートの左に今期予想の数字を入力します。今期予想で開示されているのは「売上高」「営業利益」「経常利益」「純利益」の項目のみです。

「売上総利益」は開示されていないので最新実績から推測して入力します。今期と同じか、若干向上するような数字にするとよいでしょう。

貸借対照表（BS）やキャッシュフロー計算書（CF）の数字も過去5年の経緯を参考に1年後を予測して入力します。

図81はすべて入力したものになります。次に下段の成長率を自分なりに決めて入力していきます。売上は113.4%、売上総利益は114.0%、利益は119%、BSやCFの数字は113.4%、株価は120%の成長率に設定しました（次ページの**図82**）。

ここでは4年間の成長率を一定にしていますが、尻上がりに成長が加速するように入力することもできます。

これで、4年後に会社が目標に設定した売上410億円、営業利益50億円と**ほぼ同じ数字が Excel 上に再現**できました。

分析シートを見ると、営業利益率が今期予想の10.1%から4年

図81　中期計画シートに入力したエスプール2021年11月期の業績

> エスプールの会社予想から売上高・営業利益・経常利益、
> 純利益を入力。売上総利益は最新実績をもとに推測。
> BS や PL も過去 5 年の伸び率から推測して入力する

【はっしゃん式】中期計画入力シート

■時系列決算データ比較

	2021年	11月期	構成比
売上高		24,800	百万
売上原価		17,275	69.7%
売上総利益		7,525	30.3%
販管費		5,025	20.3%
営業利益		2,500	10.1%
経常利益		2,488	10.0%
純利益		1,635	6.6%
発行株数		79,008	千株
EPS／PER		20.7	58.0

	資産	資本	負債
バランスシート	12,820	5,067	7,753
BPS／PBR	39.5%	64	18.7

	営業	投資	財務
キャッシュフロー	2,533	−2,329	244
現金残／FCF		2,851	204

	資産価値	事業価値	理論株価
理論株価	51	396	447
株価／理論比	21/11/30	1,200	268.3%

> これが企業の未来の業績を予測する第一歩！

図82　未来の成長率を設定することで今後の業績・株価の伸びを計算する

エスプールの中期経営計画から売上・利益・株価の成長率を逆算して入力 ➡ 成長率設定が未来の業績予測には必要！

■各年の成長率を入力すると未来の決算データを自動計算します

	2022年	2023年	2024年	2025年
売上高	113.4%	113.4%	113.4%	113.4%
売上総利益	114.0%	114.0%	114.0%	114.0%
営業利益	119.0%	119.0%	119.0%	119.0%
経常利益	119.0%	119.0%	119.0%	119.0%
純利益	119.0%	119.0%	119.0%	119.0%
BS：資産	113.4%	113.4%	113.4%	113.4%
BS：資本	113.4%	113.4%	113.4%	113.4%
CF：営業CF	113.4%	113.4%	113.4%	113.4%
CF：投資CF	113.4%	113.4%	113.4%	113.4%
CF：財務CF	113.4%	113.4%	113.4%	113.4%
CF：現金残	113.4%	113.4%	113.4%	113.4%
株価	120.0%	120.0%	120.0%	120.0%

後には12.2%と2.1%向上する計画であることが分かります（**図83**）。

　営業利益率を2.1%向上させるためには、売上原価と販管費の合計額を2.1%削減しなければなりません。図にはないですが、そのマイルストーンとなる数字も2、3、4年目に刻んで計算されます。

　このように中期計画分析シートで作成した成長シナリオと、実際に企業から発表される決算の結果を比較しながら、四半期ごとに売上は計画より上だったか、利益率はマイルストーンに届いているかなどをチェックしていきます。

　決算が発表されたあとは、決算結果を反映した数字に置き換えて、成長シナリオを修正することもできます。

　中期計画を凌駕するような好決算が出てくれば、前倒しで目標が

図83　会社の掲げる中期経営計画の細部から注目ポイントを読み取る

2025年	11月期	構成比
売上	41,011	百万
売上原価	28,302	69.0%
売上総利益	12,709	31.0%
販管費	7,696	18.8%
営業利益	5,013	12.2%
経常利益	4,989	12.2%
純利益	3,279	8.0%
	79,008	千株
	41.5	60.0

資産	資本	負債
21,200	8,379	12,821
39.5%	106	23.5

営業	投資	財務
4,189	−3,851	403
	4,715	337

資産価値	事業価値	理論株価
85	963	1,048
25/11/30	2,488	237.5%

1期目の業績と成長率を入力すると4年後の業績を予測できる。細部の数字を見て計画達成に必要な条件に注目する

計画達成には営業利益率を5年間で2.1%向上させることが必要。その実現には原価と販管費の合計を2.1%削減する必要があることなどが分かる

エスプールの中期経営計画を再現した中期計画シート

達成される可能性もありポジティブです。逆に中期計画が遠のいてしまうような決算が出た場合にはネガティブとなるでしょう。

　このように、単に決算の結果がよいか悪いかだけでなく、企業が策定した**中期経営計画に沿っているか**、成長シナリオと比較してどうかという中長期視点からも投資判断していくことが大切です。

まとめ ：
Excel シートで5年先を予測する方法

　第5章では Excel テンプレートを使った本格的な決算書分析と中期経営計画分析について紹介しました。

　次の第6章では、Excel テンプレートにも登場した「はっしゃん式理論株価バリューモデル」の考え方と、理論株価を目安にテンバ

ガーを実現するまでのフローを紹介します。

はっしゃん式理論株価チャートで5年間の業績を読む

　図84は、はっしゃん式理論株価チャートで半導体関連株レーザーテックの株価と業績の推移を示したグラフです。

　株価は、ローソク足の月足で5年分の株価推移を表示しています。

　業績は、**XBRL 形式**（第6章のコラムで解説）で5年分（20四半期ファイル分）の決算短信のデータを読み込んで作成しています。

本書はモノクロなので少し分かりにくいですが、Web上では、

●**理論株価（資産価値＋事業価値）**：オレンジ色のライン

●**資産価値**：緑色のライン

●**上限株価（資産価値＋事業価値×2）**：水色のライン

図84　レーザーテックの理論株価チャート（2016年7月～2021年8月）

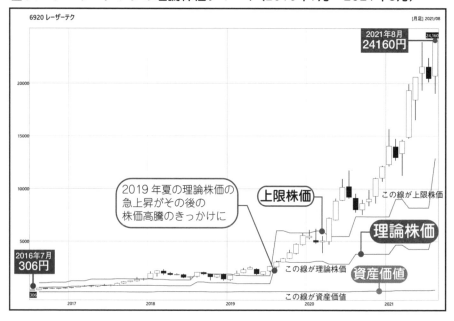

を計算して表示しています。

そして、理論株価チャートをパッと見るだけで、過去5年の業績と株価の推移、**業績と株価の連動性**を把握できるようにしました。

第1章で5年間の成長ストーリーとして体験したレーザーテックを改めて理論株価チャートで見てみると、2019年の夏から理論株価の急上昇をともなって業績が右肩上がりを記録。実際の株価（ローソク足）が理論株価をかすめるように急浮上し、テンバガーへと上昇した経緯を確認できます。

はっしゃんのPC環境では全上場銘柄の理論株価チャートをレーザーテックのように表示できるようになっていて、投資家VTuberの「決算分析Live」（URLは248ページ参照）でもその環境から「今日の決算」「今週の決算」をライブ発信しています。

現在、理論株価チャートをご覧いただけるのは、Webサイトでは、はっしゃん監修サイト「成長株Watch」でフォローする銘柄と、YouTubeチャンネル「投資家VTuberはっしゃん『kabukabiz tv』」で公開した理論株価の動画やライブだけになりますが、これから、より多くの皆さんに使ってもらえるよう、新しいプログラムも準備中です。

本書では、このあと、第6章で理論株価チャートを使った分析をたくさん紹介していきます。

【はっしゃん Column ⑧】
半導体産業に10倍株が多い理由と注意点

テンバガー株レーザーテックが属する半導体産業は**「シリコンサイクル」**と呼ばれる半導体需要の波に合わせて、業績も上下動しがちです。

しかし、ここ数年はクラウドコンピューティングの普及によるサ

ーバー需要やビットコイン採掘のための PC 需要、さらにスマートフォンの進化や IoT（モノのインターネット化）の普及に加えて、自動車の EV 化や自動運転技術によるスマート化、そしてコロナ禍での巣籠もり需要も加わり、極端な好景気に沸いています。

　日本の半導体関連企業は、半導体自体の製造では台湾の台湾積体電路製造（TSMC）や韓国のサムスン電子に太刀打ちできずに衰退傾向にあります。

　しかし、半導体を製造する過程で使うさまざまな装置では、半導体製造装置で売上世界有数の東京エレクトロン（8035）やメモリ向け半導体検査装置で世界トップのアドバンテスト（6857）、半導体ウエハの洗浄装置でトップの SCREEN ホールディングス（7735）、半導体の切断、研磨装置で世界シェア 8 割のディスコ（6146）など、成長株投資でもターゲットとなりうる企業がたくさんあります。

　半導体製造に必要な化学薬品の分野では、本章の「決算分析シート」でも紹介した東洋合成工業も有望です。シリコンウエハに微細な回路を焼きつけるためのフォトレジスト素材を作っている同社の株価は 2019 年 1 月の 800 円台から 2021 年 1 月には 1 万 4000 円台まで到達し、2 年でテンバガー以上を達成しました。

　さらに、半導体製造に使うニッチな化学薬品で高い技術力を持つトリケミカル研究所（4369）も長期的な株価上昇が続き、2016 年 8 月に 415 円※の安値をつけた株価が 2021 年 1 月には 5043 円の高値まで上昇し、5 年で約 12 倍を達成しています。

　図85 はトリケミカル研究所の理論株価チャートです。業績を示す理論株価が 2017 年、2018 年、2019 年と右肩上がりに上昇して株価を牽引したのが分かります。特に 2019 年半ば頃までは、理論株価が先行していたものの、半導体関連株が買われた 2019 年の後

図85　トリケミカル研究所の理論株価チャート（2016年7月〜2021年8月）

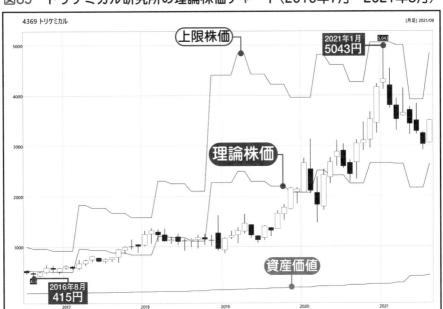

半から株価が一気に上昇しているのは興味深いです。

　このように、半導体関連株はまさに成長株の宝庫になっています。

　ただし、注意すべき点も2つあります。

　一つは、成長株として半導体関連株に長期投資する場合は、「シリコンサイクル」に依存する**シクリカル（Cyclical ＝景気循環）**傾向がある点に注意が必要なことです。好況と不況で株価が大きく上下動します。ただし、現在は前述のように、好況が長期間続く「スーパーサイクル」に入っている可能性もあります。

　もう一つの注意点は、**「世界で最も競争が激しい業界」**であることです。例えば、半導体製造の露光装置ステッパーという分野では、かつてキヤノン（7751）やニコン（7731）といった名だたる日本の大企業が世界シェアトップを握っていましたが、現在はその座を追われています。

　つまり、現時点で競争力が強く盤石に思えても、将来は分からな

いということです。

　そう考えると、やはり、決算書を見ることは欠かせない、と言えるでしょう。

第6章

ゼロから覚える
「理論株価バリューモデル」
～目標達成のためのプロセスとマイルストーン～

理論株価とテンバガー実現フロー

　第５章は、はっしゃん自身が開発した Excel テンプレートを使った５年分の決算分析や中期経営計画の分析を紹介しました。

　第６章も、はっしゃんが開発した「はっしゃん式理論株価バリューモデル」とテンバガー実現フローを中心に紹介します。

テンバガーと目標株価

　これまでのテンバガー例を見ても分かるように、２倍、５倍、10倍と上昇し続ける成長株を持ち続けることは意外と難しいものです。最初からテンバガーという**目標と、目安となるマイルストーン**を設定していないと、少しばかりの利益が出たり、逆に株価が下がったりすると売りたくなり、そう簡単にテンバガーまでたどり着けないからです。

　仮にスポーツ万能の子どもがいたとしても「プロ野球選手になりたい」「オリンピックで水泳の金メダルを取りたい」というような具体的な目標を設定して、そのための**専門的な**ト**レーニング**をしないと、そう簡単にはたどり着けません。

　勉強ができる優秀な子どもの場合も同様で「医者になりたい」「弁護士になりたい」という目標があってこそ、その高い目標に向かって努力できるわけです。

　テンバガー獲得までには、小学生くらいの子どもがオリンピック出場を勝ち取ったり、医学部や法学部に合格するのと同等の時間が必要になります。それまでのマイルストーンになってくれるのが理論株価です。

　理論株価を計算する最大の利点は、企業の成長とともに上昇していく企業価値を目標株価として設定し、長期間保有するための目安として活用できることです。業績が振るわなくなった場合にも、（理論株価は下落しますから）利食いや損切りを決断する客観的な指標としてバックアップしてくれます。

　第5章では中期計画分析シートを紹介しましたが、このような未来図を持たないまま投資するのと、「この株は何円まで上昇する」というガイダンスを持って投資するのとでは、結果に大きな差が出てきます。

　テンバガーにたどり着くには目標が必要です。 皆さんも決算書と向き合って、その企業の目標株価、すなわち理論株価を計算する習慣をつけましょう。

はっしゃん式理論株価バリューモデルの計算式

　早速、理論株価の計算式を紹介しましょう。

　はっしゃん式理論株価バリューモデルでは、企業価値を「資産価値」と「事業価値」の2つに分解して計算し、合算して算出します。

　その式は、

|資産価値|＝ BPS（1株純資産）×割引評価率

|事業価値|＝ EPS（1株純利益）×［ROA（総資産利益率）× 150 ×財務レバレッジ補正］

|理論株価|＝（資産価値＋事業価値）×リスク評価率

となります。一つずつ解説していきましょう。

資産価値の計算式と考え方

資産価値は、BPS（1株純資産）がベースになりますが、それは決算書上の数字に過ぎず、経営危機に陥った会社が負債をすべて返済し、保有資産を売却した場合、決算書に記載された純資産がそのまま残るケースはまれです。

そのため、自己資本比率に応じた割引評価率を設定して、**見かけよりも低く計算**します。

$\boxed{資産価値} = BPS（1株純資産）×割引評価率$

日本株の自己資本比率は平均40%程度で、その場合の割引率は65％に設定しています。

一方、日本株の平均PBR（株価純資産倍率）は1.3倍程度ですから、BPS×65%の割引率は、PBR1.3倍の約半分です。つまり、実際の日本株の平均的な株価水準で考えた場合、**株価を決める価値の半分程度がその会社の資産価値によって決まる**という考え方にしました。

割引評価率は自己資本比率が低いほどディスカウントしています。これは、自己資本比率が低いほど不確実性が大きくなるためです。

自己資本比率：割引評価率
　80% 以上：80%
　67% 以上：75%
　50% 以上：70%
　33% 以上：65%

10%以上：60%

10%未満：50%

　図86はホンダ（7267）の理論株価チャートです。第5章のコラムでも紹介しましたが、過去5年分、20ファイルの決算書からはっしゃん式理論株価バリューモデルで理論株価を算出してチャートを作成しました。

　ホンダの場合、2019年以降、ほぼ資産価値と株価が連動して推移しているのが分かります。**市場から期待されていない企業**の多くは理論株価の資産価値ラインに連動します。

　ホンダと言うと日本の製造業を代表する大企業であり、この評価は意外かもしれませんが、成長のピークを過ぎてしまったり、次で述べる事業価値の成長期待が剥落すると、このような市場評価に落ち着いてしまいます。

図86　ホンダの理論株価チャート（2016年7月〜2021年8月）

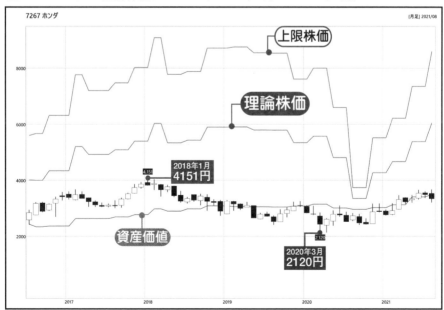

現在の自動車業界は、日本ではトヨタ自動車（7203）が奮闘しているものの、米国のテスラ（TSLA）をはじめとするEVや自動運転技術で先行する次世代企業に人気が集中し、ホンダのようなオールドタイプの企業は最低に近い評価を受けています。

　かつてのホンダファンとしては、巻き返しを期待したいものですが、だからと言って、現状ではなかなか投資する気になれません。

　ホンダに限らず、実は、一部の成長株を除いた多くの日本株が、このような資産価値に連動した株価で推移しています。残念ながら、それが少子高齢化が進み、右肩下がりにある日本経済の現実と言えるでしょう。

　また、**資産価値は、株価の下値抵抗ラインとして機能**します。仮に株価が資産価値を下回ってきたら、企業価値のミスプライスに投資する「バリュー株投資」の考え方で投資できる水準であることを示します。

　ホンダの理論株価チャートでも資産価値ラインがサポートラインとして機能しているように見えます。

　ホンダで注目すべきは、株価と資産価値が連動しているものの、それは市場評価が低いだけで、事業価値は失われていないことです。

　テンバガー発掘の一つのパターンが、このような**収益キープ型の低評価企業が突如目覚めて成長企業に変身する**ときです。

　そういう意味では、（少なくとも利益を出している）低評価企業の中にはお宝が眠っているかもしれません。

事業価値の計算式と考え方

　続いて、会社が手がけている事業にどれぐらいの価値があるかの計算式は、

> **事業価値** ＝ EPS（1株純利益）× ［ROA（総資産利益率）×
> 150 ×財務レバレッジ補正］

　日本株の PER（株価収益率）の平均値は 15 倍ですから、事業価値に関しても「株価は EPS の 15 倍まで買われる」を基準に、EPS × PER15 倍が何円かで計算します。

　計算式では、ROE（株主資本利益率）を ROA（総資産利益率）と財務レバレッジに分解し、PER の「15 倍」を「ROA の 10 倍 × 財務レバレッジ補正」に置き換えることで、企業の収益力に合わせた適正 PER を設定します。

> ［EPS × ROA × 150］＝［EPS × 15 × ROA × 10］
> ＝［PER15 倍 × ROA × 10］

　日本企業全体の ROA は約 5％、つまり日本の平均的な企業は総資産を使って事業を行った結果、総資産の 5％の利益を得ています。

　5％ ＝ 0.05 でその 10 倍なので 0.5。これを PER15 倍にかけると PER7.5 倍。

　これは、日本株の平均的な株価水準 PER15 倍の約半分です。

　つまり、実際の日本株の平均的な株価水準で考えた場合、**理論株価の残り半分が事業価値で決まる**ということです。そして、半分ずつの資産価値と事業価値を合算したものが理論株価になります。

　ただし、それでは ROA が高ければ高いほど許容される PER も高くなってしまうので、過去の持続可能水準から、ROA の上限値は 30％としています。

　総資産をうまく活用して ROA が 30％を上回る収益力のある会社は、0.3 × 10 ＝ 3 を PER15 倍にかけることになるので、PER45 倍まで買われてもおかしくないという考え方になります。

財務レバレッジで適性 PER に補正をかける

　続いて ROE の資本効率のよさを事業価値に反映するために「財務レバレッジ補正」を使います。

「財務レバレッジ」は、第4章のお弁当屋さんのたとえで説明したように、元本の何倍の借金をしているかを表す指標です。ROA との関連では、

ROE ＝ ROA ×財務レバレッジ

「財務レバレッジ＝総資産÷純資産」で計算しますが、これは総資産に占める自己資本の割合が何％か示した自己資本比率（「純資産÷総資産」）の逆数です。

　つまり、自己資本比率が小さいほど、財務レバレッジは高くなりますが、あまりに自己資本比率が低いと、ちょっとした外部環境の変化で倒産するリスクもありますから、上限・下限を設定しています。具体的には、

●財務レバレッジ	●自己資本比率	●補正
1.5 倍以下	66%以上	1 倍
2倍	50%	1.2 倍
2.5 倍	40%	1.36 倍
3倍以上	33%以下	1.5 倍

のように、1〜1.5 倍の範囲で、「EPS × ROA × 150」に補正をかけます。

　自己資本比率が 33% 以下と低めの企業は不確実性が高いので、財務レバレッジの最大倍率を 1.5 倍に調整しています。

事業価値は PER 0〜67.5倍、上限 PER 135倍で計算

　このように、はっしゃん式理論株価バリューモデルで企業の事業価値を計算するときは、ROA のパーセンテージの高さによって EPS の最大 45 倍まで、さらに財務レバレッジで最大 PER 67.5 倍までを「その会社の事業価値」と見なします。

　そして、はっしゃん式理論株価バリューモデルでは、**「資産価値＋（事業価値×2）」**を**「上限理論株価」**に設定しています。その意味するところは、資本効率によって最大 PER 135 倍までを上限として許容している、ということになります。

　図87 は日本を代表する製造業トヨタ自動車の理論株価チャートです。先ほど紹介したホンダと同様、こちらも過去 5 年分、20 ファイルの決算書 XBRL から理論株価を算出して作成しました。

図87　トヨタ自動車の理論株価チャート（2016年7月〜2021年8月）

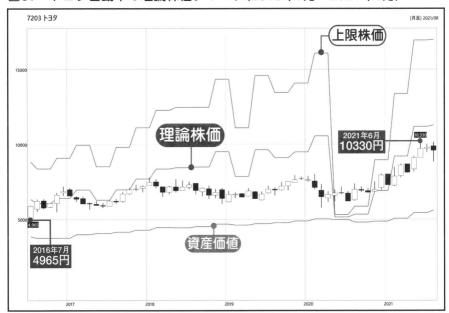

ホンダとは異なり、株価が理論株価と連動していますが、市場がトヨタ自動車の事業価値を含め企業価値を適性と評価していることが分かります。

　図88は日本を代表するIT企業である富士通（6702）の理論株価チャートです。理論株価が右肩上がりで株価と連動して上昇しているのが分かります。

　新型コロナショック後は、株価が理論株価より高い位置をキープしていて、より成長期待が高いことも分かります。

　図89は第1章でテンバガー事例として紹介したIRジャパンホールディングス（6035）の理論株価チャートです。右肩上がりで理論株価と連動して上昇していた株価が、2019年の後半から飛行機が離陸するように急上昇した経過が分かります。

　成長が加速すると3年先、5年先の期待値がより大きく上昇するため、IRジャパンホールディングスのように、現在の理論株価以上に市場から評価されるようになります。

　次ページの図90はエスプール（2471）の理論株価チャートです。こちらも理論株価が右肩上がりで株価と連動して上昇していますが、中でも株価は5年間で最大約34倍まで上昇しました。

　エスプールは、5年先までの中期計画を公表していますので、それをもとに第5章で未来の決算書や理論株価を計算しましたが、実績推移は良好です。このように目標と理論株価をリンクさせることで決算書からテンバガーを狙っていきます。

図88　富士通の理論株価チャート（2016年7月〜2021年8月）

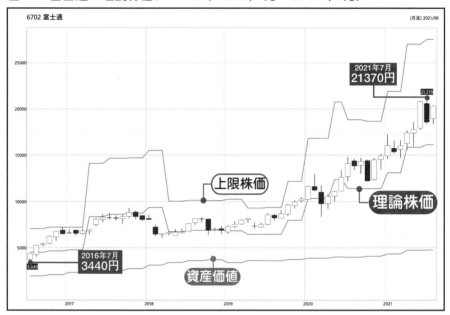

図89　IRジャパンホールディングスの理論株価チャート（2016年7月〜2021年8月）

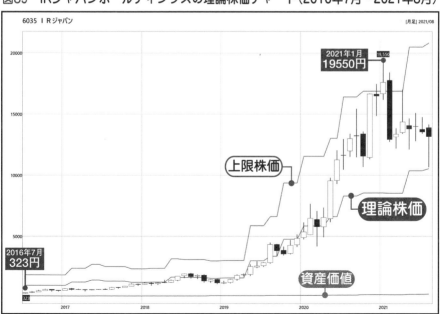

図90　エスプールの理論株価チャート（2016年7月〜2021年8月）

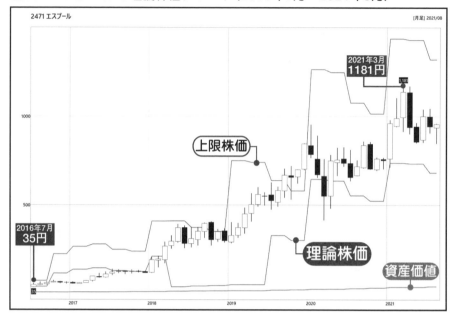

理論株価バリューモデルはどこまで正しいのか？

　株価と理論株価が連動して上昇する株価チャートの例を紹介しましたが、実際にはっしゃん式理論株価バリューモデルは、どこまで正しいのでしょうか？

　第4章でも述べたように株式市場には IPO 株や優待株、仕手株など理論株価がベースとしている **PER に連動していない**特殊な銘柄があり、そのような銘柄は理論株価では説明できない株価を形成しています。それでも上場銘柄すべてを統計分析すると全体としてはおおむね正しいという答えが返ってきます。

　そして、成長株でテンバガーを狙う有力な方法の一つが、**理論株価バリューモデルと符合する成長株**、すなわち株価と理論株価が連動して右肩上がりの銘柄に限定して投資することです。

　すべての株価と理論株価が必ずしも連動しているわけではありません。が、右肩上がりで連動していたらチャンスと考えるとよいでしょう。

　はっしゃんは上場銘柄すべての実際の株価と理論株価の相関度を回帰分析という統計学の方法で検証し、ネット上で公開しています。

　それが、「投資学習 Web」にある **「理論時価総額マップ」**（http://kabuka.biz/funda/capital/）です。

　「回帰分析」は、2 つの関連する変数の相関の強さを調べるための統計分析です。例えば、身長と体重など、互いに依存関係にある 2 つの変数で一方の数値を決めると他方を予測することができます。完全に相関している場合は 1 となり、相関性がまったくない場合は 0 になります。0.7 以上だと「強相関」です。

　実際に比べるのは、単純に株価と理論株価ではなく、株価と理論株価に発行済株式数をかけた時価総額としています。

株価と理論株価の強い相関性

　次ページの**図91**は 2021 年 8 月 6 日時点の全上場銘柄のリアル時価総額と理論時価総額が企業ごとにどれだけ相関しているかを示した分布図です。

　図の赤い太線上が「相関係数：1」、すなわちリアル時価総額と理論時価総額が完全一致している線になります。その下にある赤い点線が理論時価総額の「回帰線」、すなわち全上場株式の理論時価総額がリアル時価総額と、どれぐらい相関しているかを示した平均値になります。

　その数値は 0.71 となっているので「強相関」と言えます。

　この相関係数は 0.9 レベルまで強く相関していることも多く、新

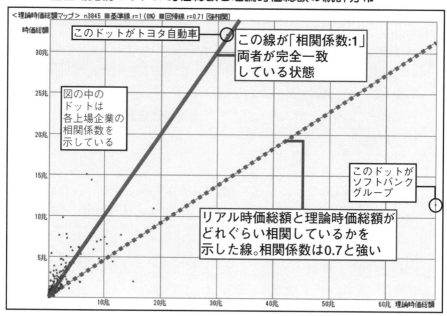

図91　全上場銘柄のリアル時価総額と理論時価総額の統計分布

型コロナショックに見舞われた2020年3月18日でも、相関係数0.92と強い相関が確かめられました。

　ただし、時価総額で見た相関性だとトヨタ自動車やソフトバンクグループなど大型株の影響が強く出てしまうので、企業規模や市場別にも相関関係を検証できるようにしています。

　その結果、

●理論株価とリアル株価には強い相関関係がある

●ただし、企業規模が小さいほど相関関係は低下する

●理論時価総額50億円以下ではほぼ相関なし

　という検証結果になりました。

　小型株では、株価が理論株価からかい離することが多いものの、大型株は理論株価を基準に動く、企業規模が大きくなるほど株価は理論株価に収斂していくということです。

　理論時価総額 50 億円以下と言うと、超小型株や新興市場の株が中心になりますが、そこは玉石混交の不確実性の高いマーケットです。理論株価と相関がないというのも納得です。

　ここまで、はっしゃん式理論株価バリューモデルの計算方法について説明してきましたが、これらはプログラム式として開発された複雑な計算式であり、その仕組みをすべて理解する必要はありません。簡単に理論株価でスクリーニングしたい方から、じっくり分析したい方まで、はっしゃんが監修する Web サイトで便利ツールを提供しています。

　ここからは理論株価に関連する Web ツールを紹介します。

はっしゃん作成・理論株価関連ツールの使い方

理論株価 Web で企業価値から投資先を探す

　次ページの図 92 は、はっしゃんが 2007 年から監修している「理論株価 Web」のサイト画面です。

　理論株価 Web では、上場するすべての銘柄の決算書データを XBRL 形式（本章のコラムで後述）で取得し、理論株価を算出して、ネット上で公開しています。

　理論株価から見た上昇余地のランキングや株価診断、財務評価などをあわせて提供しているので、気になる銘柄の理論株価を知りたいと思ったら、まず理論株価 Web を参照するとよいでしょう。

　ただし、理論株価 Web では現在の理論株価のみに絞っていますので、ここまで解説してきたような過去の時系列データや未来の企業価値は分かりません。

　テンバガーを狙う成長株を本格的に分析する前に、最低限の情報として株価と理論株価を確認する一次ツールと考えてください。

図92　はっしゃん監修の「理論株価Web」

全上場銘柄の
理論株価を
見るなら

「理論株価 Web」

http://kabuka.biz/riron/

理論株価Ｗｅｂ ＜XBRL Edition＞

4000銘柄の理論株価、上昇余地、株価診断を毎日更新　ツイート

検索：　[　　　　　　　　　]　[表示]

銘柄情報		評価指標	
<7816>　スノーピーク（12月決算）		理論株価	2,349　(上昇余地-55.7%)
市場　東証1部 (1部大型)		配当格付	格付除外
業種　その他製造		倒産確率	0.00%
株価　5,300 (2021/09/08)		投資難易度	C難度 (中級者向け)
前日比　+40.0 (+0.76%)		流動目安	6,000株 (3180万円)
上昇余地比較		短期トレンド	
スノーピーク　-55.7%		当日比	-0.56%
その他製造(113)　+23.5%		前日比	+0.76%
1部大型(980)　+7.2%		5日継承確率	0.87%
東証1部(2123)　+13.2%		25日継承確率	+8.18%
全銘柄(3841)　+10.2%		出来高回転率	2.47%

例えば
スノーピーク（7816）で
検索すると
理論株価・倒産確率・
投資難易度などの評価や
株価の上昇余地比較・
短期トレンドなどを
教えてくれる！

理論株価電卓で理論株価を計算する

　図93は、はっしゃんがネット上に公開している「**理論株価電卓**」です。

「BPS」「自己資本比率」「EPS（※予想経常利益×70%÷発行済株式数で計算した数字を使ってください）」、そして現在の「株価」を入力するだけで、自動的に理論株価を計算できます。

　すべて決算書や株価情報から引っ張ってこられる数字です。

　ここで、決算書から実際にどうやって数字を入力するか、成長株候補の一つ Fast Fitness Japan（7092）を例に、具体的な方法を紹介しましょう。

　次ページの**図94**は同社の2021年3月期の決算短信です。

　決算書に記載された数字は、

図93　はっしゃん監修の「理論株価電卓」

自己資本比率　38.5％

BPS　521.66円

　となり、EPSは先ほども言及したように、その年だけの特別な損益を排除したいので、「（経常利益×70％）÷発行済株式数」で計算し直します。

　同社の経常利益は2255（百万円）、22億5500万円とコロナ禍の影響で前期比20.3％の減益でした。

　発行済株式数は決算短信の2ページ目に掲載されているのでそれを使います。

　Fast Fitness Japanは上場まもないため自己株式は0株で、「期末発行済株式数（自己株式を含む）」の1558万2450株で計算します。この株数で先ほどの「経常利益×7割」を割ると、「（22億5500万

図94 「理論株価電卓」に入力する数字を決算短信から探す方法

「理論株価電卓」にFast Fitness Japan（7092）
の決算書から数字を引っ張ってきて入力していく

決算短信１ページ目

2021年３月期　決算短信〔日本基準〕（連結）

2021年５月14日

上場会社名	株式会社Ｆａｓｔ　Ｆｉｔｎｅｓｓ　Ｊａｐａｎ	上場取引所　東

コード番号　　　7092　　　　　　　URL　https://fastfitnessjapan.jp/
代　表　者　（役職名）代表取締役社長　　　　　（氏名）土屋　敦之
問合せ責任者　（役職名）取締役副社長　　　　　（氏名）山口　博久
定時株主総会開催予定日　　　2021年６月24日　　　配当支払開始予定日
有価証券報告書提出予定日　　2021年６月25日
決算補足説明資料作成の有無　：　有
決算説明会開催の有無　　　　：　有　（機関投資家・アナリスト・個人投資家

> 1株純利益は
> 「経常利益×7割」
> を発行済株式数
> で割って独自に
> 計算する

経常利益

１．2021年３月期の連結業績（2020年４月１日～2021年３月31
（１）連結経営成績

（％表示は対前期増減率）

	売上高		営業利益		経常利益		親会社株主に帰属する当期純利益	
	百万円	％	百万円	％	百万円	％	百万円	％
2021年３月期	11,163	△1.5	2,293	△19.0	2,255	△20.3	920	△43.4
2020年３月期	11,333	41.2	2,831	69.0	2,828	69.3	1,627	75.4

（注）包括利益　2021年３月期　920百万円（△43.4％）　2020年３月期　1,627百万円（　75.4％）

	1株当たり当期純利益	潜在株式調整後1株当たり当期純利益	自己資本当期純利益率	総資産経常利益率	売上高営業利益率
	円銭	円銭	％	％	％
2021年３月期	70.66	65.61	16.1	12.3	20.5
2020年３月期	135.37	―	64.6	21.5	25.0

1株あたり純利益（EPS）

（注）1．当社は、2019年８月29日付で普通株式１株につき500株、2021年４月１日付で普通株式１株につき1.3株の割合で株式分割を行っております。前連結会計年度の期首に当該株式分割が行われたと仮定し、1株当たり当期純利益及び潜在株式調整後1株当たり当期純利益を算定しております。
　　　2．前〔当期純利益については、2020年３月期は新株予約権の残高はあり〔株価が把握できないため記載しておりません。
　　　3．当連結会計年度の潜在株式調整後1株当たり当期純利益については、当社は、2020年12月16日に東京証券取引所マザーズに上場したため、新規上場日から当連結会計年度末までの平均株価とみなし〔で算定し〔

> これは使用せず
> 経常利益を使う

（２）連結財政状

自己資本比率

1株当たり純資産

	総資産	純資産	自己資本比率	1株当たり純資産
	百万円	百万円	％	円銭
2021年３月期	21,093	8,128	38.5	521.66
2020年３月期	15,624	3,318	21.2	275.99

（参考）自己資本　2021年３月期　8,128百万円　2020年３月期　3,318百万円

1株純資産（BPS）

（注）1．当社は、2019年８月29日付で普通株式１株につき500株、2021年４月１日付で普通株式１株につき〔株の割合で株式分割を行っております。前連結会計年度の期首に当該株式分割が行われたと仮定し、1株当たり純資産を算定しております。

決算短信２ページ目

発行済株式数

（３）発行済株式数（普通株式）

①	期末発行済株式数（自己株式を含む）	2021年３月期	15,582,450株	2020年３月期	12,025,000株
②	期末自己株式数	2021年３月期	―株	2020年３月期	―株
③	期中平均株式数	2021年３月期	13,027,681株	2020年３月期	12,025,000株

（注）当社は、2019年８月29日付で普通株式１株につき500株、2021年４月１日付で普通株式１株につき1.3株の割合で株式分割を行っております。2020年３月期の期首に当該株式分割が行われたと仮定し、株式数を算定しております。

円×70%）÷1558万2450株」で、理論株価算出に使う1株あた
りの利益は約101.3円になります。

　同社の場合、この期にコロナ関連による特別損失を計上したこと
で純利益が減っているため、決算短信の1株あたり当期利益は
70.66円と大幅にそれを下回っています。しかし、それは過去の話。
コロナの損失は今後、解消されると思われるので、経常利益×7割
という本来の実力を重視します。

「理論株価電卓」に数字を打ち込めばすぐ計算できる

　以上の要領で、Fast Fitness Japanの2021年3月期の決算短信か
ら抜き出した数字を先ほど紹介した「理論株価電卓」に入力します。

銘柄コード　7092
BPS　521.66円
自己資本比率　38.5％
EPS　101.3円
株価　3530円（2021年3月31日終値時点）

　そして、「理論株価を計算する」ボタンを押すと、上部のグラフ
が変化し、下段にFast Fitness Japanの理論株価やさまざまな株価
指標が自動計算されて表示されます。
　次ページの**図95**はその表示画面と、理論株価チャートを書籍用
に加工したものです。
　表示された図の一番左の2つの棒グラフにご注目ください。
　この2本のうち、左端（Web上では青い棒グラフ）が現在の株
価で、隣の2段重ねになったもの（Web上ではオレンジの事業価

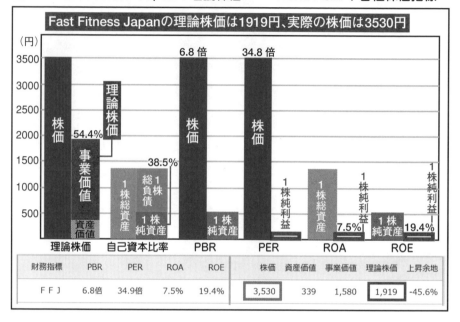

図95　Fast Fitness Japanの理論株価（2021年3月期末時点）や各種株価指標

Fast Fitness Japanの理論株価は1919円、実際の株価は3530円

財務指標	PBR	PER	ROA	ROE		株価	資産価値	事業価値	理論株価	上昇余地
ＦＦＪ	6.8倍	34.9倍	7.5%	19.4%		3,530	339	1,580	1,919	-45.6%

値と緑の資産価値を重ねて表示）が理論株価です。

　下段を見ると数字が記載されていて、Fast Fitness Japan の理論株価は 1919 円で、実際の株価 3530 円を 45.6% も下回っていることになります。

　将来性が期待される企業ほど株価は理論株価より高くなります。また、成長株の場合、理論株価に占める資産価値の割合はとても小さく、成長性の高い事業価値が理論株価の大半を占めています。

　理論株価電卓では、参考指標として PBR や PER、ROA や ROE も計算されます。

予想した利益成長率から5年後株価を計算する方法

　Fast Fitness Japan では、現状の株価は理論株価よりかなり割高という判断が出ましたが、株式投資は未来の株価を予測して行うもの

です。

　そのため、今後、その企業が成長を続けた場合、**5年後の理論株価**がどれぐらいか分かると便利です。特に成長株投資でテンバガーを狙うためには長期投資が前提になるので、その株を長期保有し続けていいのかどうかの目安となる基準が必要となります。

　それを計算してくれるのが「**5年後株価計算ツール**」です。

　第5章ではExcelテンプレートの中期計画分析シートを使って5年後の企業価値を計算しましたが、少し簡易的に利用できるツールとしてWeb上でも提供しています。

　Excelテンプレートは作成にも時間がかかるので、軽く調べる段階ではWebツール、実際に投資しようと考えたらExcelテンプレートのように使い分けましょう。

「5年後株価計算ツール」で未来の理論株価を算出

　先ほど理論株価電卓で使った数字と利益成長率を「5年後株価計算ツール」に入力します（次ページの**図96**）。

　利益成長率は、1年目から5年目まで指定することができます。ここには、根拠のある数字を入れる必要があります。

　Fast Fitness Japanの場合は、今期の経常増益率を10.8%と予想していますが、これはコロナ禍を想定したものです。アフターコロナでは成長が加速することが考えられますので、少し強気に利益成長率15%という数字を使ってみましょう。

　すると、ツール上にFast Fitness Japanの5年後までの理論株価が描画されます（次ページの**図97**）。15%の成長率で伸びが継続すれば、1年〜5年後には、理論株価や上限株価がどこまで上昇するか積み上げ式の棒グラフで表示されます。

　成長率の数字を変更すると、理論株価も変わってくるので、弱気

図96　はっしゃん監修の「5年後株価計算ツール」

理論株価と
利益成長率
から5年後の
株価を予測

「5年後株価計算ツール」
http://kabuka.biz/funda/calc/

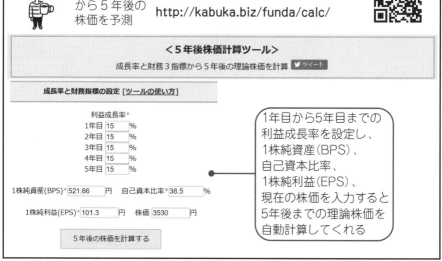

＜5年後株価計算ツール＞

成長率と財務3指標から5年後の理論株価を計算　🐦ツイート

成長率と財務指標の設定 [ツールの使い方]

利益成長率*
1年目 15 ％
2年目 15 ％
3年目 15 ％
4年目 15 ％
5年目 15 ％

1株純資産(BPS)* 521.66 円　自己資本比率* 38.5 ％

1株純利益(EPS)* 101.3 円　株価 3530 円

[5年後の株価を計算する]

> 1年目から5年目までの
> 利益成長率を設定し、
> 1株純資産(BPS)、
> 自己資本比率、
> 1株純利益(EPS)、
> 現在の株価を入力すると
> 5年後までの理論株価を
> 自動計算してくれる

図97　Fast Fitness Japanの1〜5年後の理論株価（利益成長率15%の場合）

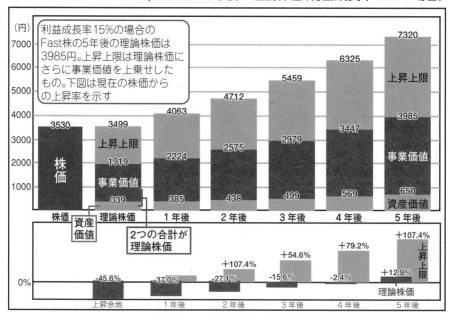

> 利益成長率15%の場合の
> Fast株の5年後の理論株価は
> 3985円。上昇上限は理論株価に
> さらに事業価値を上乗せした
> もの。下図は現在の株価から
> の上昇率を示す

（円）
7000
6000
5000
4000
3000
2000
1000

株価 3530

3499
上昇上限
1919
事業価値
339

4063
2224
385

4712
2575
438

5459
2979
499

6325
3447
569

7320
上昇上限
3985
事業価値
650
資産価値

株価　資産価値　理論株価　1年後　2年後　3年後　4年後　5年後

2つの合計が
理論株価

+107.4%
-45.6%　-37.0%　-27.1%　-15.6%　-2.4%　+12.9%
0%
+107.4%
+54.6%
+79.2%
上昇上限
理論株価

上昇余地　1年後　2年後　3年後　4年後　5年後

予想や超強気予想など、いろいろとシミュレーションすることもできます。

　はっしゃん式理論株価バリューモデルに基づいた株価予測は「絵に描いた餅」ではありません。利益成長の目標が達成されれば、これだけの株価になっても理論的におかしくないという**統計的に根拠のある水準**を示したものです。

　株価が割高になりがちな成長株投資では、業績や成長率から未来の株価の目安を設定しておくことが、資産を最大化し、かつ予期せぬ事態に備えるための防衛策になります。

最後は自分できちんと分析して判断する

　理論株価電卓や5年後株価計算ツールで入力してきたのは、EPS、BPS、自己資本比率といった決算書をベースとしたファンダメンタルなデータです。

　第4章で触れたように、はっしゃん式理論株価バリューモデルは、

● **EPS の向上が未来につながる**
● **ROE の視点で業績変化を予測する**

という考え方をベースとしており、理論株価という名称から、株価を見ているように思われるかもしれませんが、実際には決算書の数字、特に EPS と ROE を見ています。

　未来のことは、誰にも分かりません。新型コロナショックや東日本大震災のような想定外の出来事も発生します。最終的には、自分で考えて判断するしかありませんが、決算書や本書が提供するExcel分析テンプレート、はっしゃんがWeb上で提供する理論株価Webや理論株価電卓、5年後株価計算ツールを活用して、テンバガーを狙える「よい成長株」を探し出しましょう。

理論株価の計算方法と考え方

理論株価の活用メリット 10

1. 割安か割高かの目安に使える

2. 割高を買わずに済む

3. 決算書から妥当株価を計算できる

4. 上方修正や下方修正のインパクトを計算できる

5. 増資やワラントの希薄化インパクトを計算できる

6. 月次情報の業績インパクトを計算できる

7. 四季報予想や中期経営計画から企業価値を計算できる

8. 企業価値に基づく未来の成長シナリオを作成できる

9. 長期投資のマイルストーンとして利用できる

10. ギャンブル投資を卒業して仮説と検証に基づく再現性ある投資
    へ移行できる

　理論株価を計算するときには割引率を適用したり、補正や評価率をかけることでより現実に即した理論株価が算出できるように、はっしゃんなりの基準を決めています。それらをまとめてみました。

資産価値の計算

・資産価値は企業のBPSをベースに自己資本比率で割引評価します。

自己資本比率：割引評価率

80%以上：80%

67%以上：75%

50%以上：70%

33%以上：65%

10% 以上：60%

10% 未満：50%

事業価値の計算

EPS ＝経常利益×0.7÷（発行済株式数－自己株式数）

・ただし EPS の上限を BPS の 60% とします（過小資本銘柄の過剰評価防止のため）。

・例えば、債務超過銘柄は黒字であっても事業価値ゼロになります。

事業価値の計算に使う PER レンジ

・事業価値計算時の ROA 評価上限は 30％です。

・資本効率を加味するための財務レバレッジ補正は次の式で計算します。

財務レバレッジ補正＝ 1 ÷［0.66＜＝（自己資本比率＋0.33）＜＝1］

財務レバレッジ 1.5 倍以下：補正 1 倍

財務レバレッジ 2 倍：補正 1.2 倍

財務レバレッジ 2.5 倍：補正 1.36 倍

財務レバレッジ 3 倍以上：補正 1.5 倍

※ EPS は銘柄によっては純利益ではなく、経常利益×実効税率で計算しています。

リーマンショックルール

　理論株価は当初、株価を含む指標を対象外とし、純粋に財務指標

だけから計算していました。しかし 2008 年 9 月の**リーマンショック**を経験し、考えを改めました。

　そこで以下のリスク評価率を「資産価値＋事業価値」の全体にかけて「理論株価」を計算します。なお、リスク評価率をかける適用対象を PBR0.5 倍未満（ほぼ倒産予備軍）としています。

　このルールは、PBR0.5 倍未満を倒産予備軍と捉え、それらの理論株価は、市場評価である株価のほうが真実と見なすものです。

　恐慌時には、決算より前に株価が先行暴落し、直近決算が黒字の増収増益企業が下方修正もなく倒産してしまいます。**決算を待って財務指標を確認するのでは間に合わない**のです。

0.5 倍以上：100%
0.41 ～ 0.49 倍：80%
0.34 ～ 0.40 倍：66%
0.26 ～ 0.33 倍：50%
0.21 ～ 0.25 倍：33%
0.04 ～ 0.20 倍：5 ～ 25%（(PBR/5 × 50) +50）
0.00 ～ 0.03 倍：0.5 ～ 2.5%（(PBR－1) × 10+5）

テンバガー実現フローチャートで銘柄探し

　ここまで、株式投資に必要な決算書分析と理論株価バリューモデルを使った企業価値や株価予測を紹介しました。

　第 6 章の後半は、はっしゃん式の集大成として、成長株投資でテンバガーを獲得するまでの**「テンバガー実現フローチャート」**（図98）を解説します。

図98　成長株で10倍高を獲得するまでの「テンバガー実現フローチャート」

```
┌─────────┐ ┌─────────┐ ┌─────────┐ ┌─────────┐
│ 四季報   │ │ 決算     │ │ ニュース  │ │ XBRL    │
│右肩上がり │ │ 上方修正  │ │ SNS     │ │ダウンロード│
│ チャート  │ │ 好業績   │ │ 材料     │ │ プログラム │
└─────────┘ └─────────┘ └─────────┘ └─────────┘
     ↓           ↓           ↓           ↓
```

決算書・理論株価の5年チェック

決算分析シート・中期計画分析シート
or
理論株価Web・理論株価電卓・5年後株価分析ツール

**XBRL
決算書
理論株価
分析
プログラム**

成長株候補ストック
（「成長株Watch」でも公開）

業績と株価が連動して右肩上がり
今後そうなる可能性が高い銘柄

銘柄探し・銘柄監視

新規組入・買い増しフロー
タイミング：いつでもよいが分かりやすいのは
決算前or決算直後

（なぜなら）

成長株候補の決算サプライズで理論株価が大幅上昇
株価が理論株価より割安で水準訂正が見込める

長期保有フロー

株価チェック　　　　　決算チェック年4回

×
含み損
損切り

○
保有
含み益

×
成長減速・成長倒れ
利益確定

○
成長シナリオ継続

成長が続く限り売らない（最低3年は保有）
ただし含み損は一切持たない（例外なく損切り）
目安：3年で2倍、10年で10倍

売買・長期保有

テンバガーのための成長株候補ストック

　まずテンバガー実現フローチャートの上半分をご覧ください。銘柄探しは、自分なりの投資候補となる**「成長株候補ストック」**を集めることから始めます。

　条件はシンプルで、これまで見てきた成長株の条件は、

「株価と業績が連動して右肩上がり」

「今後そうなる可能性が高い銘柄」

　です。「今後そうなる可能性が高い銘柄」は、

「株価が右肩上がりで業績が基準に満たない銘柄」

「業績が右肩上がりで株価が基準に満たない銘柄（株価が割高すぎる場合と、割安で放置され評価されていないパターンがある）」

　のいずれかを満たすものになるでしょう。

　これらの銘柄を「成長株候補ストック」で候補株として監視しておき、成長が加速したり、業績が好転して持続成長が見込める転換点を狙っていきます。

　成長株候補ストックへの追加は、

1. 四季報から

2. 決算発表から

3. ニュースや SNS から

　などが中心となります。

　他にどこから探してきてもかまいませんが、候補ストックに加える前に、第5章で解説した「決算書と理論株価の5年チェック」で過去5年の決算書を確認したり、本章で紹介した理論株価 Web や理論株価電卓などの Web ツールを使ってもよいでしょう。

　「成長株候補ストック」は、数が多くなると管理しきれなくなってくるので**50銘柄から多くても100銘柄**までが現実的になると思

います。

1. 四季報の成長株候補を探す方法

『会社四季報』(東洋経済新報社)には、見開き2ページで4つの企業が紹介され、ページ上部に4枚の月足チャートが掲載されています。

　そこで、『会社四季報』のチャート欄を第2章の第10条で紹介した「右肩上がり株価チャートの選び方」の要領で見開き4社分をまとめて1秒程度で確認していき、面白そうなチャートがあれば付箋を貼っていくのが、はっしゃんの株ブログやYouTubeでも紹介している**「はっしゃん式四季報速読法」**になります。慣れてくると1時間もあれば全銘柄をチェックできることでしょう。

YouTube動画
「はっしゃん式四季報速読法」
https://www.youtube.com/
watch?v=9eslwfqlOpo

『会社四季報』で右肩上がりのチャートを選ぶなら

　会社四季報の場合、付箋を貼ったあとから業績欄で増収増益などの業績も簡易チェックできる点もお勧めです。

2. 決算発表から成長株候補を探す方法

　決算発表時には、たくさんの企業の最新業績が発表され、その中から業績変化の大きい成長株候補が新たに出現します。

　そこで、決算発表時に**サプライズ決算**になった銘柄を確認すると、よい銘柄が見つかるかもしれません。話題になった決算は、新聞やニュースでも確認できます。

　はっしゃん自身も、YouTube上の、投資家VTuberはっしゃん「kabukabiz tv」というチャンネルで、**「決算分析Live」**と題して注

目決算を配信しています。

 「当日決算ライブ」などはっしゃんのライブ動画を見るなら

YouTube チャンネル
「投資家VTuberはっしゃん『kabukabiz tv』決算分析Live」
https://www.youtube.com/playlist?list=
PL9oDFL5ntov1rHF6htvXxolLRGZBnpxOA

3. ニュースや SNS から成長株を探す方法

　投資に関する経済ニュースや企業情報は、ニュースサイトや SNS でも配信されていますので、ここから探すのも有効です。

　ニュースや SNS で見かけた銘柄をそのまま**鵜呑みにして買うことは危険**ですが、本書で学んできたように、決算分析して企業価値を予測して、自分で判断して買うことは何ら問題ありません。

　はっしゃん自身も Twitter やブログで情報を発信しています。

 はっしゃんの日々の情報発信を読みたいなら

Twitter「はっしゃん投資家VTuber」
https://twitter.com/trader_hashang/

「株ブログ はっしゃんのスロートレード」
https://hashang.kabuka.biz/
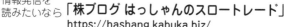

成長株を新規購入・買い増しする方法

　成長株候補ストックから実際に新規購入したり、買い増しするには2種類の考え方がありますので、その両方を紹介します。

1. 本当の成長株なら右肩上がりのはずだからいつ買ってもよい（早いほうが安く買える）

2. 決算前後や四季報発売時などで業績変化のサプライズを確認し

て買う

　1の「いつ買ってもよい」は説明不要だと思いますが、成長株の株価は上下に激しく動くのが常なので損切りはキッチリする必要があります。これについては後述します。

　2の「業績変化のサプライズ狙い」は、成長株買いに最も効果的な方法の一つで、成長株候補ストックの業績が大きく伸び、理論株価が急上昇するタイミングを狙います。

　このようなタイミングでは株価も急上昇することになりますが、**企業価値が水準訂正される幅**も大きく、含み益が乗りやすくなります。業績変化のサプライズ確認は、第1～2章で紹介した決算書1ページ目で売上や利益の伸びを確認する簡易チェックでも可能ですが、第5章で学習した決算書5年分の決算分析シートを作って理論株価や中長期の企業価値もチェックしておくのがベターです。

　次ページの**図99**は中古バイクを取り扱うバイク王＆カンパニー（3377）の理論株価チャートです。業績が好転してから何回か理論株価が急上昇するタイミングがあるのが分かります。

　このように成長株と言っても**初動ではまだ評価されていない**こともあり、株価は業績の拡大に引っ張られながら上昇していきます。

　購入時には、現在の理論株価より割高な株価で買わないことも重要ですが、3年先5年先まで企業価値を精査し、将来の理論株価と比較したうえで割安と判断できる場合はその限りではありません。

　もちろん、この場合も損切りをキッチリする必要があります（後述）。

　次ページの**図100**は半導体パッケージやリードフレーム大手の新光電気工業（6967）の理論株価チャートです。2019年の後半から株価が理論株価に先行する形で上昇し続けてきたのが分かります。

図99　バイク王＆カンパニーの理論株価チャート（2016年7月〜2021年8月）

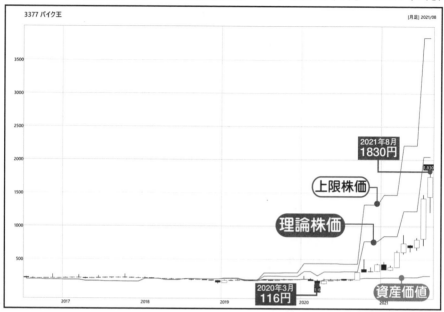

図100　新光電気工業の理論株価チャート（2016年7月〜2021年8月）

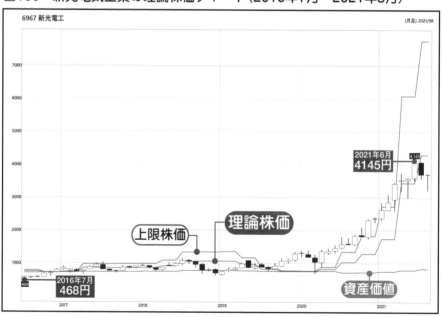

期間によっては上値メドとなる上限株価をも上回っています。

　2021年、株価が4倍以上になってようやく理論株価が株価に追いつきましたが、このように**先高感が強い成長株を割安に買おうと思ったらいつまで経っても買うことができません。**このような場合は、将来の理論株価と比較して、今買うべきかどうかを選択することになりますが、失敗した場合にはダメージも大きくなります。

　図101は産業廃棄物の処理・管理業者ミダック（6564）の理論株価チャートです。株価が理論株価の上限株価を突き抜けて大きく上昇しています。前の新光電気工業を上回る加速になっています。ここまで**大きく上昇してしまった銘柄の新規買いは原則として見送り**となります。

　3年後、5年後の企業価値まで計算しても多くの場合はリスクに見合わない株価水準となります。すでに保有していた場合は、右肩上がり株価チャートの条件が崩れるか、成長倒れにならない限りキ

図101　ミダックの理論株価チャート（2018年12月～2021年8月）

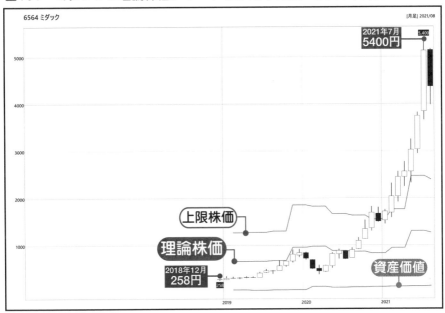

ープでよいでしょう。

　図 102 はスマホアクセサリ販売の Hamee（3134）の理論株価チャートです。好決算を発表して 2021 年 6 月に理論株価が大きく上昇しましたが、株価はほとんど反応していません。

　市場期待が低いと、このように理論株価が上昇しても株価が反応しないケースもあります。ただ、このようなタイプは何らかのきっかけで急に買われることもあるので監視する価値はあるでしょう。

テンバガーのための長期保有フロー

　最後にテンバガーまで持ち続けるための長期保有フローを紹介します。

　意外とシンプルなので、ぜひ実践してください。

図102　Hameeの理論株価チャート（2016年7月〜2021年8月）

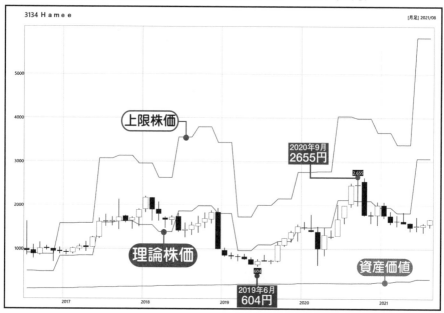

1. 成長が続く限りは売らない（最低３年は保有）
2. 成長株の含み損は一切持たない（例外なく損切りする）

　簡単ですよね。「売らないルール」と「例外なく損切りするルール」が矛盾しますが、ここは必ず**「損切りルール」を優先する**ようにしてください。

　常に右肩上がりの成長株に投資しているはずの成長株投資では、そもそも含み損が発生するはずがありません。含み損になってしまうのは、**銘柄選択か売買タイミングのどちらかを誤っている**からで、必ず損切りしてやり直します。

　損切りになる、ならないは、運の要素もあり、**市場環境に大きく左右されます**。全部うまくいくときもあれば、よくない市場環境下では全部損切りになることもあるでしょう。

　どんなに悪いときでも成長株は常に存在していますので、うまくいかない場合は、何を間違っているのか、本書を読み直して確認してみてください。

　最低３年保有することも重要です。基本的な考え方は本書で繰り返してきた、

「売上が２倍になれば利益は２倍になり株価も２倍になる」

という考え方です。３年間、損切りすることなく保有できればひとまず合格ですが、２倍に達せず、今後も難しいと思われる場合は別の成長株を探しましょう。

　３年で２倍をクリアできれば、次は６年で４倍を狙います。**成長が持続すると判断できるなら買い増し**てもかまいません（成長株投資では買い増していくことも利益を伸ばす重要な選択肢です）。

　６年の次は９年で８倍。10倍以上の大成功になったとしても、成長が続く限り売る必要はありませんし、そのまま20倍、50倍、

100倍とさらなる成長を狙いましょう。

成長株と売りのタイミング

　では成長株はいつ売ったらよいのか。売りのタイミングを判断するポイントには、株価と業績の2種類があります。

1. 株価が右肩上がりでなくなる
2. 業績が右肩上がりでなくなる

　1の「株価が右肩上がりではなくなる」は、業績が成長し続けている間は原則として売る必要はありませんが、**理論株価の上限株価を大きく超えて上昇**してしまった場合、5年先の企業価値を通り越して10年以上先の業績まで先取りしてしまうことがあります。

　このような超割高圏で株価の上昇が止まった場合は、いったん利益確定することも選択肢になるでしょう。

　株価チャートで売りのタイミングを測る場合は、右肩上がりの逆で判定するとよいでしょう。

●右肩下がりのチャート
●黒い（陰線が多い）チャート
●半年以内に新高値を更新していないチャート

　図103は第1章でも紹介した医師向けサイト運営のエムスリー（2413）の理論株価チャートです。株価が上昇しすぎたパターンで2021年1月の最高値から33%下落しましたが、理論株価よりはるかに高い水準で調整を続けています。

　5年で見るとまだ右肩上がりが崩れた、とまでは言えません。し

図103　エムスリーの理論株価チャート（2016年7月〜2021年8月）

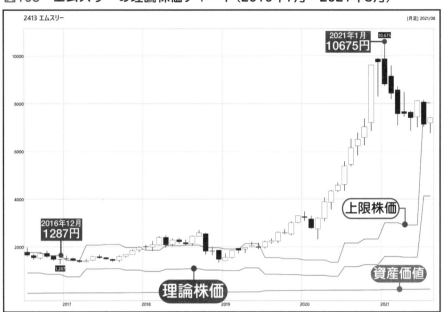

かし、直近1年間を見ると、好調な業績と対照的な株価推移になっています。すでに5倍、10倍になっている場合は保有継続の判断もありと思いますが、成長株では**1年で25%の成長が期待値**ですから機会損失と考えることもできます。

　2の「業績が右肩上がりでなくなる」は、決算書で判断しますが、成長の減速や成長倒れでピークを過ぎたと判断できる場合は利益確定、もしくは損切りとなります。ただし、決算書からだけでは**一時的な成長減速（グリッチ）**なのか成長倒れなのか、判断が難しい場合もあります。そのような場合は過去5年のデータや5年先までの成長シナリオとの整合性と照らし合わせて判断しましょう。

　成長株には**1年間で大きく上昇したあと、2年程度休み**、業績が追いついてきてまた上昇するというパターンもあります。

　次ページの**図104**も第1章で紹介した作業服チェーンのワーク

図104　ワークマンの理論株価チャート（2016年7月〜2021年8月）

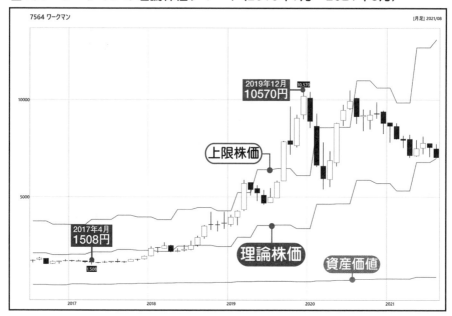

マン（7564）の理論株価チャートです。こちらも2019年に株価が
上限株価を大きく超えたところで上昇がピークを打っていますが、
理論株価は右肩上がりを続けています。

　株価チャート的にはエムスリーと同様に右肩下がりの条件と一致
していますが、現在の株価は理論株価とも接近してきていて、成長
が続くならば買いチャンスと言えなくもありません。最終的にどう
なるかは、これからの業績、すなわち決算書が決めることになるで
しょう。

リーマンショック級の業績悪化とは

　業績に関する注意点は、まれに**決算書では追いつかない**ような急
激なスピードで業績悪化が進行するケースです。日本でも50社以
上の上場企業が倒産に追い込まれたリーマンショックがその典型で

すが、第1章の失敗例で取り上げたホープ（6195）もよく似たケースです。

　図105は、電力小売事業で急成長したホープの理論株価チャートです。典型的な成長倒れ型になっているのが分かりますが、よく見ると決算書での理論株価の悪化より2～3ヵ月ほど前から株価が急落しているのが分かります。

　これは厳冬からスポット電力価格が高騰してホープの業績悪化が市場から懸念された結果です。このように株式市場には先見性を提供してくれる役割もあり、存亡にかかわるような決算に先行して株価が急落することは、しばしば見られる現象です。

図105　ホープの理論株価チャート（2016年7月〜2021年8月）

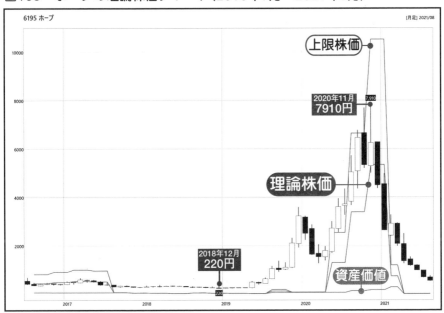

まとめ：
テンバガー実現フローチャート

　第6章の後半は、テンバガー実現フローチャートについて紹介しました。成長株への長期投資で皆さんの資産形成のお役に立てれば幸いです。

　第7章では、はっしゃんが成長株ランキングでピックアップした成長株候補を紹介します。

【はっしゃん Column ⑨】
プログラム言語Pythonと決算書データ規格XBRLとは？

　はっしゃんはITエンジニア投資家で、これまでプログラム言語では、

BASIC,asm,c,c++,java,javascript,php,SQL,VB,lua,perl

　などを経験してきましたが、最近は「**Python（パイソン）**」を使う機会が増えてきました。

　Pythonは大量のデータを比較的簡単に操作できることを特徴とする新しいプログラム言語で、プログラム初心者の方でも始められる簡便性と機械学習や深層学習といったAIとの親和性をあわせ持つ魅力的なプログラム言語です。

　「投資家にあまり関係ないのでは？」と思われる方もいるかと思いますが、そんなことはありません。実際に、はっしゃんはPythonを活用することで、より効率的に決算書分析ができるようになりました。

　例えば、**Excelを使えるのと使えないのと**では仕事の能力や投資分析力に差が出ることはお分かりだと思います。

　AI 分野の出遅れや人材不足が指摘される日本でも最近ようやくプログラミング教育が重視されるようになり、小学生からプログラミング学習が始まっています。あと何年かすると Python を使ったデータ分析は Excel 同様の必須スキルとなっているかもしれません。

　一方、**決算書規格 XBRL** は XML というデータ記述言語の拡張規格で、財務諸表などの決算書データを記述するための規格です。

　日本では 2008 年から決算短信が XBRL 形式で提供されるようになりました。かつて、決算書と言えば印刷文書であり、それが PDF 形式でデジタル化されるようになり、さらに XBRL 形式としてマークアップ化されて記述されるようになりました。

　例えば、決算短信サマリーの売上は、XBRL では次のように記述されています。

```
<ix:nonfraction
contextref="CurrentYearDuration_ConsolidatedMember_ResultMember"
decimals="-6"
format="ixt:numdotdecimal"
name="tse-ed-t:NetSales"
scale="6"
unitref="JPY">249,197</ix:nonfraction>
```

　XBRL 形式は Web サイトを記述する HTML 言語の親戚のようなもので、

　<ix:nonfraction></ix:nonfraction>

というタグで囲まれていて、このタグのパラメータで売上という科目や属性が特定できるようになっています。

　実際にはタグの記述ルールにさまざまな考慮不足や問題点があり、

改善余地が多々あるのですが、ともかく**決算書をデータベース化**できるようになりました。

　これまで決算書は「読む」ものでしたが、デジタル化することでデータとして蓄積し、プログラムなどで活用できるようになります。

　また XBRL 形式の決算データはプログラミング能力さえあれば誰でも取得し、データベース化することが可能です。

　特に先に紹介した Python と組み合わせると、大量のビッグデータを簡単に入手し分析することも可能です。投資家を取り巻く環境は大きく変わろうとしています。

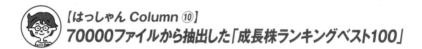

【はっしゃん Column ⑩】
70000ファイルから抽出した「成長株ランキングベスト100」

　はっしゃんは上場 3700 社以上の決算短信から数年分の財務情報（XBRL 形式のデジタルデータ）を取り出してデータベース化し、企業価値に相当する「理論株価」を時系列で算出、その理論株価がどこまで伸長するかや、理論株価に対する株価の割安度を計算しています。

3700 社× 5 年分× 4 半期＝ 74000 ファイルの決算書

　全部で 70000 ファイル以上になるビッグデータの分析は手作業ではとても無理なので、先述した「Python」を使ってプログラムを組んでいます。

　このようにして「スター成長株候補」として抽出された銘柄は、はっしゃん監修サイト「成長株Watch」の中の**「成長株ランキング」**（http://kabuka.biz/growth/ranking.php）でも公開し、毎日更新しています。

　本書の最初に紹介したレーザーテック（6920）はここ 2 年あまり、

そのランキングのトップに君臨しています。2019年6月18日に「成長株ランキングトップ100」に組み入れてからの上昇率は2021年8月末時点で1213.2％です。ブログ上に公開してから2年でテンバガー達成という結果になりました。

「成長率ランキング」では、**「業績と株価が連動した成長株」**というコンセプトから、株価の動きが悪かったり、業績に問題が出てきたりするなど基準を満たさなくなった銘柄を除外し、基準を満たす銘柄が出現すれば新たに組み入れしています。

　決算短信XBRLに加えて、『会社四季報』の速読や月次情報Webで集めた月次情報など、はっしゃんが張り巡らしたアンテナに引っかかった銘柄が定期的に入ってきているので、このランキングの中に未来のレーザーテック、未来のテンバガーがあるかもしれません。

　皆さんもぜひ参考にしてみてください。

　次ページの**図106**はその成長株ランキングの2021年8月末時点のベスト30までです。残りはぜひWebでチェックしてください。

　第7章では「成長株ランキング」から成長株候補になりそうな銘柄をピックアップして紹介します。

図106　はっしゃんの「成長株ランキング」ベスト30 （2021年8月末時点）

No.	銘柄	株価	組入比	理論株価	上昇余地	タイプ
1.	<6920> レーザーテク	⇧24,070	+1213.2%	6,363	-73.6%	半導体 [詳細]
2.	<6532> ベイカレント	⇧54,700	+762.8%	55,656	+1.7%	コンサル [詳細]
3.	<6035> ＩＲジャパン	⇧13,160	+362.4%	10,520	-20.1%	コンサル [詳細]
4.	<3923> ラクス	⇧3,890	+355.5%	210	-94.7%	DX [詳細]
5.	<4970> 東洋合成	⇩15,200	+259.8%	4,616	-69.7%	半導体 [詳細]
6.	<3697> ＳＨＩＦＴ	⇧25,140	+215.0%	2,330	-90.8%	DX [詳細]
7.	<3038> 神戸物産	⇧4,280	+214.0%	2,253	-47.4%	フード [詳細]
8.	<6254> 野村マイクロ	⇧4,860	+198.3%	5,336	+9.8%	半導体 [詳細]
9.	<6095> メドピア	⇧4,260	+187.1%	1,592	-62.7%	メディア [詳細]
10.	<2384> ＳＢＳＨＤ	⇩3,960	+174.6%	4,193	+5.9%	宅配配送 [詳細]
11.	<7816> スノーピーク	⇧5,610	+173.8%	2,349	-58.2%	アパレル [詳細]
12.	<3377> バイク王	⇩1,747	+165.1%	1,869	+7.0%	リユース [詳細]
13.	<6036> ＫｅｅＰｅｒ	⇧3,600	+151.6%	5,256	+46.0%	サービス [詳細]
14.	<7476> アズワン	⇧16,350	+150.0%	5,957	-63.6%	ヘルスケア [詳細]
15.	<7780> メニコン	⇧9,030	+147.4%	2,476	-72.6%	ヘルスケア [詳細]
16.	<3150> グリムス	⇩2,795	+125.4%	3,102	+11.0%	新電力 [詳細]
17.	<7741> ＨＯＹＡ	⇧17,780	+123.7%	11,068	-37.8%	半導体 [詳細]
18.	<6544> Ｊエレベータ	⇧2,901	+123.3%	926	-68.1%	サービス [詳細]
19.	<6861> キーエンス	⇧66,130	+114.0%	28,261	-57.3%	メーカー [詳細]
20.	<2412> ベネ・ワン	⇩4,415	+107.8%	2,368	-46.4%	DX [詳細]
21.	<4934> Ｐアンチエイ	⇧16,120	+103.8%	15,189	-5.8%	メーカー [詳細]
22.	<1407> ウエストHD	⇧4,905	+98.7%	2,852	-41.9%	新電力 [詳細]
23.	<2413> エムスリー	⇧7,401	+96.6%	4,134	-44.2%	メディア [詳細]
24.	<3994> マネフォ	⇧8,860	+94.1%	155	-98.3%	DX [詳細]
25.	<3182> オイシックス	⇧3,725	+91.4%	1,803	-51.6%	EC [詳細]
26.	<4686> ジャスト	⇧6,500	+84.1%	5,878	-9.6%	教育 [詳細]
27.	<3626> ＴＩＳ	⇧3,110	+82.9%	2,260	-27.4%	SI [詳細]
28.	<3922> ＰＲＴＩＭＥ	⇧3,240	+81.0%	4,250	+31.2%	メディア [詳細]
29.	<2471> エスプール	⇧957	+77.6%	682	-28.8%	サービス [詳細]
30.	<4307> 野村総研	⇧4,135	+76.9%	2,518	-39.2%	SI [詳細]

※図の「組入比」は、はっしゃんがランキングに組入した日からの上昇率です。

第7章

はっしゃんがセレクトした
成長株候補ストック30
〜業績と株価の右肩上がり候補株〜

業績と株価が右肩上がりの30銘柄

　第6章では、はっしゃんオリジナルの理論株価バリューモデルとテンバガー実現フローについて紹介しました。

　第7章は、成長株投資で実際にテンバガーを発掘する第一歩として、はっしゃん自身が本書執筆時にセレクトした業績と株価が右肩上がりの成長株候補ストック30銘柄を紹介します。

　この30銘柄をセレクトしたのは、ちょうど東京オリンピックの閉会式が開催されていた2021年8月8日です。その時点で、業績と株価が右肩上がりで連動し、理論株価的にも割高感のない銘柄をセレクトしましたが、セレクト後に好決算で株価が急上昇したり、逆に悪材料で株価が急落している場合は、対象外と見なしてください。

　なお、最新の理論株価は、第6章で紹介した理論株価Web（http://kabuka.biz/riron）で確認できます。

　今回紹介する30銘柄は、スター成長株のように割高になってしまったものを外してセレクトした候補株ですので、ややおとなしめの構成です。具体的には、

●ゆるやかな右肩上がり上昇となっている

●大きく上昇したあと、しばらく調整が続いている

●上昇基調であるが、理論株価まで株価が上昇していない

　といったタイプになります。

　おとなしいと言っても、業績と株価が右肩上がりで上昇し続けている銘柄で、すでにテンバガーを達成したものも含まれています。

この中に3年で2倍、10年後に10倍を達成するスター株が入っていることが期待値です（入ってなかったらごめんなさい）。

成長株候補ストック30の使い方

　第6章で紹介したテンバガー実現フローの第1段階「成長株候補ストック」として組み入れて使いましょう。

　前章で、成長株候補ストックからの新規買い方法として2つ紹介しました。

1. 本当の成長株なら右肩上がりのはずだからいつ買ってもよい（早いほうが安く買える）

2. 決算前後や四季報発売時などで業績変化のサプライズを確認して買う

　これらの方法を具体例で紹介しますので、参考にしてください。

　「1. いつでも買いの方法」で買う場合は、直ちに購入します。買い方としては、

集中型：銘柄を精査し、より有望な2〜3銘柄に絞って買う

分散型：30銘柄すべてを購入金額が同じになるように買う

　の2通りの方法があります。

　集中型の場合は、本書で紹介した分析方法で少数まで絞り込んでいき、有望株を狙います。

　分散型の場合は、購入したあと、決算や株価の動きでふるい落としていきますが、「損切り」「利確」した場合は、ただちに残り銘柄の中で**「含み益が大きいもの」に再投資**して、時間をかけて少しずつ絞り込んでいきます。分散投資の場合は、損切りルールをマイナス20%など、大きめにとってもかまいません（分散でリスクヘッ

ジしているので）。

「2. 決算サプライズで買う方法」は、まず決算発表まで待ち、それまでは分析に徹しておきます。そして、決算の発表日をあらかじめ調べておき、決算発表で理論株価が急上昇するような業績変化のサプライズが出現したら、ただちに買いで入ります。この方法も購入対象は少数になると思います。

また、「1. いつでも買い」で分散投資している中に「2. 決算サプライズ」が出現した場合ですが、その内容がスター成長株への変身に相当すると考えられる場合には、分散投資から集中投資にシフトすることを検討します（集中後の損切りは厳密に）。

いかがでしょうか？　それぞれの方法の特徴を次にまとめておきますので、好みの方法を参考にしてください。ちなみに、はっしゃんは「いつでも買いの集中型」です。

1. いつでも買いの集中型
● すべて自分で考えて選ぶ。結果は自分の実力次第
● 当たりを引けば利益が大きいが、外れの確率が高くなる
● よい銘柄を引くと地合に関係なく孤高の勝利も可能

2. いつでも買いの分散型
● 分散投資なので漏れは少ないがチェックや管理に時間がかかる
● 30銘柄の中に1つでもテンバガーがあれば獲得できる（はず）
● 分散しているため、地合や相場環境に左右されやすい

3. 決算サプライズ買い型

●結果が出るまで買わないのでロスが少ない反面、機会損失が出る

●結果を見て買うので当たりを引きやすいが、織り込み済みなど想定外も出る

　なお、いずれの方法で買う場合も、購入日の翌日終値以降に含み損が出てしまったら「損切り」します（分散型の場合のみ例外あり）。

　それでは、次ページから成長株候補ストック30銘柄を紹介していきましょう。

〈2130〉メンバーズ 高値比 -28.4% 安値比 +906.5%

DX系　企業向けデジタルマーケティングや人材派遣

〈2384〉ＳＢＳホールディングス 高値比 -7.8% 安値比 +327.0%

巣籠もり系　3PL（EC向け物流一括受託）で成長

〈2491〉バリューコマース 高値比 -1.2% 安値比 +1137.3%

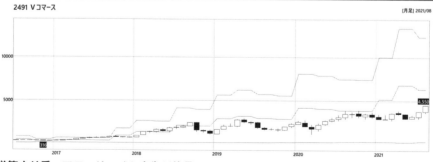

巣籠もり系　アフィリエイト広告が伸長

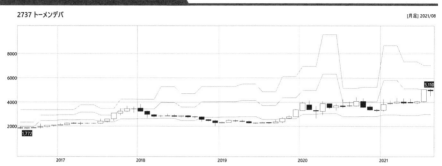

〈2737〉トーメンデバイス　　高値比 -8.6%　安値比 +159.1%

半導体系　DRAMやフラッシュメモリ中心の半導体商社

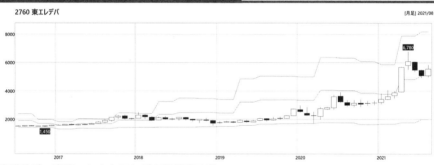

〈2760〉東京エレクトロンデバイス　　高値比 -15.4%　安値比 +295.1%

半導体系　東京エレクトロン系の半導体商社

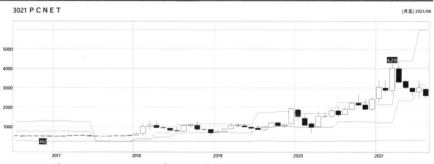

〈3021〉パシフィックネット　　高値比 -35.3%　安値比 +489.3%

テレワーク系　PCレンタルやサポートで成長

〈3028〉アルペン

高値比 -0.1%　安値比 +182.7%

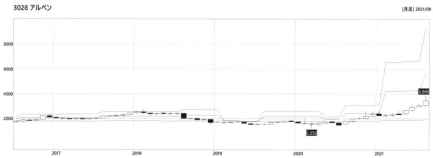

3028 アルペン　　　　　　　　　　　　　　　　　　　　　　　　　　[月足] 2021/08

アウトドア系　アウトドアやゴルフ用品が好調

〈3150〉グリムス

高値比 -3.2%　安値比 +1793.6%

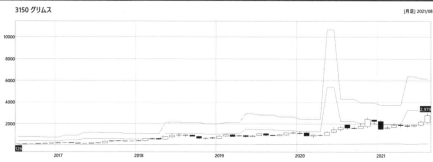

3150 グリムス　　　　　　　　　　　　　　　　　　　　　　　　　　[月足] 2021/08

新電力系　中小企業向け電力コスト削減事業で成長

〈3288〉オープンハウス

高値比 -2.9%　安値比 +471.5%

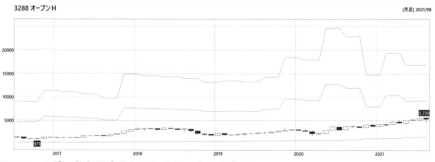

3288 オープンH　　　　　　　　　　　　　　　　　　　　　　　　　[月足] 2021/08

テレワーク系　首都圏中心にペンシルハウスで成長

〈3465〉ケイアイスター不動産グループ　高値比 -20.7%　安値比 +453.7%

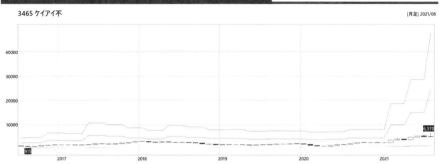

テレワーク系　好調の分譲住宅事業をさらに拡大

〈3798〉ＵＬＳグループ　高値比 -9.8%　安値比 +452.3%

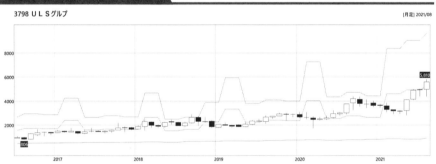

DX系　中小企業向けコンサル、SI事業に追い風

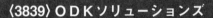

〈3839〉ＯＤＫソリューションズ　高値比 -16.0%　安値比 +147.0%

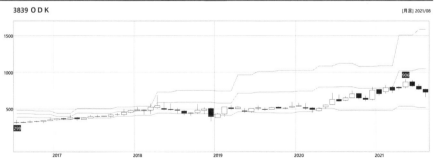

DX系　教育や受験関連のシステム開発が強み

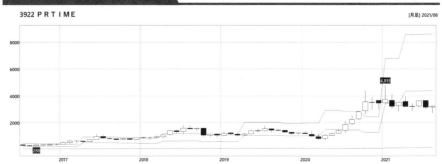

〈3922〉ＰＲ ＴＩＭＥＳ

高値比 -37.1%　安値比 +950.3%

3922 ＰＲＴＩＭＥ　　　　　　　　　　　　　　　　　　　[月足] 2021/08

DX系　プレスリリース配信サイトで急成長

〈3969〉エイトレッド

高値比 -34.6%　安値比 +144.0%

3969 エイトレッド　　　　　　　　　　　　　　　　　　[月足] 2021/08

DX系　ワークフローソフトがテレワークで伸長

〈4187〉大阪有機化学工業

高値比 -21.4%　安値比 +504.2%

4187 大有機　　　　　　　　　　　　　　　　　　　　[月足] 2021/08

半導体系　半導体向けの感光剤原料などが好調

〈4686〉ジャストシステム 　高値比 -31.1%　安値比 +596.4%

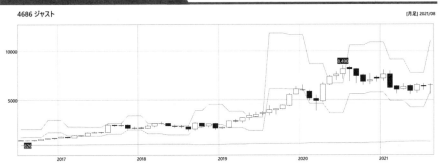

4686 ジャスト　　　　　　　　　　　　　　　　　　　　　[月足] 2021/08

巣籠もり系　タブレット通信教育サービスで成長

〈5217〉テクノクオーツ 　高値比 -8.6%　安値比 +614.6%

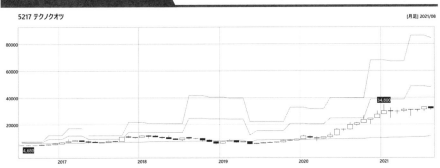

5217 テクノクオツ　　　　　　　　　　　　　　　　　　　[月足] 2021/08

半導体系　半導体向け石英部品を中国で生産拡大

〈5857〉アサヒホールディングス 　高値比 -11.1%　安値比 +154.6%

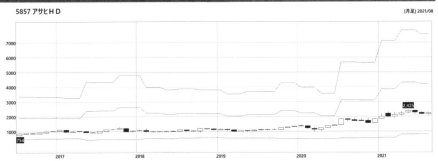

5857 アサヒＨＤ　　　　　　　　　　　　　　　　　　　　[月足] 2021/08

環境系　貴金属リサイクル事業で成長

〈6036〉ＫｅｅＰｅｒ技研　　高値比 -6.6%　安値比 +779.5%

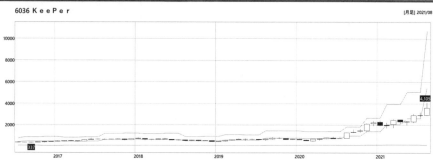

6036 ＫｅｅＰｅｒ　　　　　　　　　　　　　　　　　　　　　　　[月足] 2021/08

自動車系　高価格カーコーティングで急成長

〈6254〉野村マイクロ・サイエンス　　高値比 -8.1%　安値比 +1616.4%

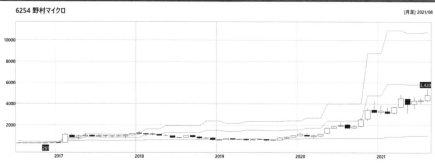

6254 野村マイクロ　　　　　　　　　　　　　　　　　　　　　　[月足] 2021/08

半導体系　超純水製造装置で成長

〈6323〉ローツェ　　高値比 -20.4%　安値比 +632.7%

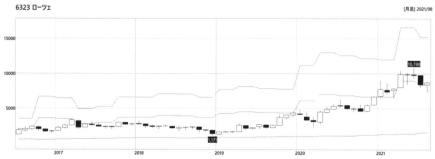

6323 ローツェ　　　　　　　　　　　　　　　　　　　　　　　　[月足] 2021/08

半導体系　半導体関連の搬送装置で成長

〈7203〉トヨタ自動車　高値比 -4.7%　安値比 +79.1%

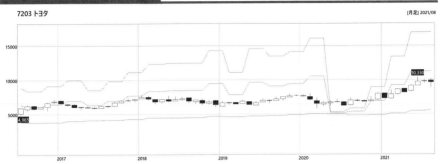

自動車系　次世代EVや水素、自動運転技術に投資

〈7508〉G-7ホールディングス　高値比 -19.1%　安値比 +403.3%

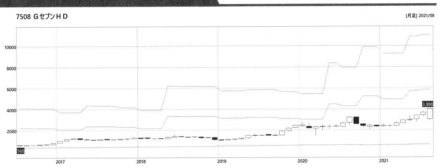

巣籠もり系　オートバックスと業務スーパーのFC

〈7518〉ネットワンシステムズ　高値比 -32.8%　安値比 +412.6%

DX系　ITインフラやセキュリティ分野が成長

〈7564〉ワークマン　高値比 -31.9%　安値比 +376.7%

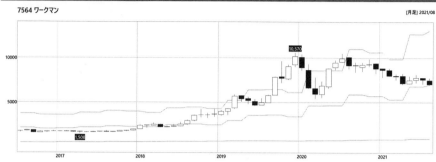

7564 ワークマン　[月足] 2021/08

アウトドア系　低価格高品質カジュアル衣料で成長

〈7839〉ＳＨＯＥＩ　高値比 -1.8%　安値比 +469.6%

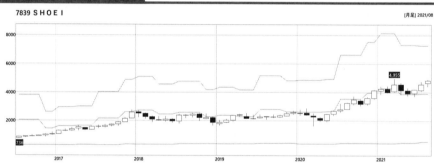

7839 ＳＨＯＥＩ　[月足] 2021/08

アウトドア系　コロナで２輪ヘルメット需要が拡大

〈8919〉カチタス　高値比 -2.4%　安値比 +313.3%

8919 カチタス　[月足] 2021/08

巣籠もり系　テレワーク需要で中古住宅が好調

〈9418〉USEN-NEXT HOLDINGS　　高値比 -14.2%　安値比 +404.4%

巣籠もり系　動画配信サービスが急成長

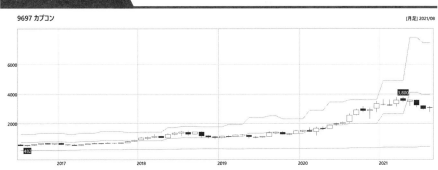

〈9697〉カプコン　　高値比 -20.6%　安値比 +472.1%

巣籠もり系　家庭用向けアクションゲームが好調

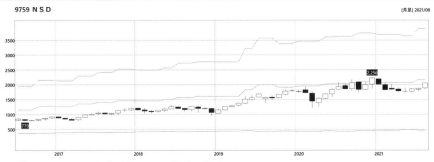

〈9759〉ＮＳＤ　　高値比 -16.4%　安値比 +141.0%

DX系　フィンテック向けシステム開発に強み

おわりに

　最後までお読みいただき、ありがとうございました。

　さて、はっしゃんは、2021年後半の目標を売買回数ゼロと設定しました。
　現在は、有望だと思う2つの成長株を中心に投資していて、売買する必要がないと考えているからです。

　この目標が達成されると、ひとまず、
　新型コロナショックでいったんリセットした
　成長株投資の第1段階が成功することになります。

　実際には11月には四半期決算の発表があり、
　成長の見通しが期待外れに終わると売却しなければなりませんので、どうなるかは分かりません。

　それでも今は、5年後、10年後を想像してワクワクしています。

　またパスワードを忘れて、証券口座にログインできない、なんてならないよう注意しないといけませんね。

2021年9月　　　　　　　　　　　　　　　　**はっしゃん**

本書ができあがる最終段階の
2021 年 9 月 21 日時点で、
はっしゃんの金融資産は
4 億 1571 万円になりました。
初の 4 億円台となり、
次の目標ができました。
誰にでも「正解」となる
投資手法は存在しません。
でも、コツコツ続けることで
自分なりの「正解」へは
たどり着けるでしょう。
本書があなたの投資生活の
お役に立つことを願って、
筆をおきたいと思います。

はっしゃん
◎投資家VTuber、個人投資家、決算書投資の達人。
◎サラリーマン時代に従業員持株会から投資を始め、投資歴は25年。
リーマンショックなどで資産を減らすこともあったが、決算分析・理論株価・四季報・月次情報などを武器に30代で資産1億円を達成。
2019年、資産3億円を突破したあと、サラリーマンを卒業し、独立起業。
◎「株ブログ はっしゃんのスロートレード」や「成長株Watch」「月次Web」「理論株価Web」といった監修サイトは、数多くの個人投資家から愛用され累計PVは1億以上。
「投資学習Web」では、ITエンジニアの経験を生かして個人投資家向けの分析・学習ツールを無料公開。
また、近年ではTwitterやYouTubeなどのSNSでも投資に役立つ情報を発信中。
◎好きなものは、コーヒーと熱帯魚、マラソン、料理。

株で資産3.6億円を築いたサラリーマン投資家が教える
決算書「3分速読」からの "10倍株" の探し方

2021年10月21日　初版発行
2022年1月15日　5版発行

著者／はっしゃん

発行者／青柳　昌行

発行／株式会社KADOKAWA
〒102-8177　東京都千代田区富士見2-13-3
電話　0570-002-301(ナビダイヤル)

印刷所／大日本印刷株式会社

©hashang 2021　Printed in Japan
ISBN 978-4-04-605374-9　C0033